Wilhelm Müseler

Reitlehre

Wilhelm Müseler

Reitlehre

46. Auflage

ISBN 3 - 275 - 01130 - 8

46. Auflage 1998

Copyright © by Müller Rüschlikon Verlags AG, Gewerbestrasse 10, CH-6330 Cham

Nachdruck, auch einzelner Teile, ist verboten.
Das Urheberrecht und sämtliche weiteren Rechte sind dem Verlag vorbehalten. Übersetzung, Speicherung, Vervielfältigung und Verbreitung einschließlich Übernahme auf elektronische Medien wie Bildschirmtext, Internet usw., ist ohne vorherige schriftliche Genehmigung des Verlages unzulässig und strafbar.

Umschlagillustration: Heike Erdin, Holzhauser Straße 5, D-79232 March-Buchheim
Satz: Saladruck Steinkopf & Sohn, D-10997 Berlin
Druck und Bindung: Franz X. Stückle, Druck und Verlag, D-77955 Ettenheim
Printed in Germany

Vorwort

Reiten kann jeder lernen, denn Reiten ist Geschicklichkeit. Geschicklichkeit eignet man sich nur an durch »Ausprobieren« und »Üben«, nicht aber durch Nachahmen einer äußeren Form. Wer die Geschicklichkeit beherrscht, sollte sie in guter Haltung ausüben.

Reiten ist auch schön und kann zur Kunst werden. Jeder hält sich gern für einen Künstler. Berufen ist aber nur, wer mit ganzer Seele in die Psyche eines Pferdes eindringt, wer nicht mit Gewalt, sondern nur aus dem Gefühl heraus einen Zusammenklang herstellt. Gefühl ist keine schwarze Magie. Bis zu einem sehr erheblichen Grade kann sich jeder Gefühl aneignen. Vollendete Harmonie zwischen Reiter und Pferd – also Schönheit – ist das Endziel aller Dressur. Man muß dem Pferde ansehen, daß es sich wohlfühlt, und darf dem Reiter nicht anmerken, wie schwer der Weg ist.

Müseler

Nächste Seite:
Abb. 1. Fritz Thiedemann, der volkstümlichste deutsche Springreiter nach 1945, auf Meteor, einem der erfolgreichsten Springpferde der Welt. Thiedemann verdankte seine ungewöhnlichen Erfolge vor allem der Zuverlässigkeit seiner Pferde. Sie alle verfügten über ein solides Fundament dressurmäßiger Ausbildung nach den Grundsätzen der klassischen Reitkunst, dem Streben nach vollendeter Harmonie zwischen Reiter und Pferd

Inhaltsverzeichnis

Die Ausbildung des Reiters 9

Wie lernt der Reiter sitzen? 10	*Lage des Knies* 29
Die Balance 12	*Knieschluß* 30
Die Losgelassenheit 13	*Die Fußspitzen* 30
Wie lernt der Reiter in die Bewegung des Pferdes eingehen, am Sattel kleben? 17	Die Einwirkungen mit dem Gewicht 31
Das Anziehen des Kreuzes 19	*Der Sitz im Gleichgewicht* 31
Beiderseitiges Anspannen der Kreuzmuskulatur (Vorschieben beider Gesäßknochen) 20	*Das Gleichgewicht in der Bewegung vorwärts* 33
Einseitiges Anspannen der Kreuzmuskulatur (Vorschieben nur eines Gesäßknochens) 23	*Einwirkungen mit dem Gewicht, vorwärts und rückwärts* 34
	Das Gleichgewicht in der Bewegung seitwärts 35
Wie lernt der Reiter fühlen? 24	*Einwirkungen mit dem Gewicht seitwärts* .. 36
Wie lernt der Reiter einwirken? 27	Die Einwirkungen mit den Zügeln 38
Die Einwirkungen mit den Schenkeln 28	Die Einwirkungen mit dem Kreuz 44
Die Schenkellage 28	**Wie lernt der Reiter sein Pferd zu fördern?** 47
Bügelhaltung 29	

Die Ausbildung des Pferdes 49

Das Verhalten des Pferdes 49	Wie fühlt der Reiter, ob sein Pferd an den Hilfen steht? 59
Der Zweck der Ausbildung des Pferdes ... 50	
Die Grundanschauungen über Dressur ... 53	Wie fühlt der Reiter, ob sein Pferd völlig losgelassen ist? 60
Der Gang der Dressur 54	
Das erste Stadium der Dressur 54	Wie fühlt der Reiter, ob sein Pferd an Schenkel und Kreuz steht? 60
Die Gewöhnung des ungerittenen Pferdes an das ungewohnte Reitergewicht 54	
Das zweite Stadium der Dressur 56	Wie fühlt der Reiter, ob sein Pferd am Zügel steht? 61
Das Pferd an die Hilfen stellen 56	Wie fühlt der Reiter, ob sein Pferd im Gleichgewicht geht? 63
Was wird unter an die Hilfen stellen verstanden? 56	Wann ist das Pferd gerade gerichtet? 63
Wie sieht ein Pferd aus, das an den Hilfen steht? 57	Wie wird ein Pferd an die Hilfen gestellt? 64
	Das An-die-Hilfen-Stellen des gerittenen

Pferdes 64	Pferd der Weg nach der Tiefe gezeigt? 73
Das An-die-Hilfen-Stellen des ungerittenen Pferdes 64	Wie findet das verrittene Pferd den Zügel in der Tiefe? 75
Das An-die-Hilfen-Stellen des verrittenen Pferdes 66	Hat das Pferd von sich aus den Zügel angenommen, wird es durch halbe Paraden aufgenommen 76
Scheuen 68	Fragen, Zweifel und Fehler beim Korrigieren 76
Bocken 68	
Steigen 69	
Durchgehen 69	Was wird unter In-Haltung-Reiten verstanden? 78
An die Wand drücken 69	Der umgekehrte Fehler: Lange Hälse 80
Kleben 70	**Das dritte Stadium der Dressur** 80
Wie werden Untugenden korrigiert? 70	Versammlung und Aufrichtung 80
Wie lehrt man ein verrittenes Pferd den treibenden Einwirkungen zu gehorchen? . . 71	Gebrauchshaltung 87
Weshalb und wie wird das verrittene Pferd in Stellung gearbeitet? 72	Dressurhaltung 87
Weshalb und wie wird dem verrittenen	Selbsthaltung 88

Die Lektionen 90

Lösende Übungen zur Förderung der Losgelassenheit 90	Die Wendungen auf der Vorhand 100
	Die Wendungen auf der Hinterhand 101
Versammelnde Übungen zur Förderung des Gehorsams 91	**Die Wendungen im Gang** 103
	Kurz-Kehrt-Wendung 107
Die Hilfen zum Anreiten, Antraben und die Paraden 91	Zirkel verkleinern und Zirkel vergrößern 107
	Angaloppieren 108
Rückwärtsrichten 93	**Der Galopp** 110
Schritt und Trab 95	**Abbiegen und Abbrechen** 115
Reiten in Stellung 96	**Das Reiten auf zwei Hufschlägen** 118
Die Wendungen auf der Stelle 99	

Fortbildung von Reiter und Pferd 121

Das Reiten in der Bahn 121	Das Anreiten gegen das Hindernis 131
Die Hufschlagfiguren 124	Das Verhalten im Sprung selbst 135
Das Reiten im Gelände 124	Fehler des Pferdes beim Sprung 138
Der leichte Sitz 127	Der Rumpler 139
Das Bergauf- und Bergabreiten 127	Das Landen 140
Das Springen 129	**Das Turnierreiten** 142
Die Ausbildung des Pferdes zum Springen 129	**Das Jagdreiten** 144

Ausrüstung von Reiter und Pferd 148

Ausrüstung des Reiters 148	Beschlag 153
Ausrüstung des Pferdes 149	**Hilfsmittel bei der Ausbildung** 153
Sattlung und Zäumung 149	Stimme 153
Hilfszügel 150	Longe 153
Bandagen 152	Bodenricks 155

Abbildungsverzeichnis 156

Die Ausbildung des Reiters

Dreierlei sollte der Reiter gleichmäßig üben: das Reiten in der Bahn, das Geländereiten und auch das Springen. Wer nur einen dieser drei Zweige gering achtet oder vernachlässigt, wird nie dazu kommen, sein Pferd ganz zu beherrschen.

Selten wird jemand bei Beginn seiner Reitausbildung voraussagen können, in welcher Weise er später das Reiten ausüben wird. Er weiß nur allgemein, daß er zunächst einmal reiten lernen will. Der Weg, den jeder in der ersten Zeit zu gehen hat, ist aber für alle späteren Zwecke auch zunächst der gleiche.

Auf ruhigem, geeignetem Pferd sollte jeder Mensch in 30 Stunden lernen können, sich mit einigem Anstand in den drei Gangarten fortzubewegen. Der eine begnügt sich vielleicht damit, jede Woche nur einmal aus Gesundheitsrücksichten in den Sattel zu steigen, ein anderer betreibt den Sport eifriger und mancher sogar berufsmäßig. Jenem dient das Pferd nur als Fortbewegungsmittel, diesem wird Reiten zum Selbstzweck, zur Kunst. Je einfacher die gestellte Aufgabe ist, desto schneller läßt sich naturgemäß auch das Ziel erreichen. Je höher aber Ehrgeiz und Sportgeist die Anforderungen hinaufschrauben, desto mehr Mühe und Fleiß erfordert es, diesen zu entsprechen. Meister im Sattel kann nur werden, wer sich jahrelang täglich bemüht, neue Erfahrungen zu sammeln; aber auch für ihn gilt dann stets noch der Satz: »Man lernt nie aus!«

Die Ausbildung des Reiters erstreckt sich auf drei Gebiete: auf das Erlernen von *Sitz*, *Gefühl* und *Einwirkungen*. Von diesen kann man nicht das eine oder das andere als das wichtigste bezeichnen, weil sie alle drei untrennbar miteinander verbunden und voneinander abhängig sind. Man kann auch nicht etwa zunächst einen guten Sitz* erlernen und danach unabhängig davon alles andere.

Schon in der allerersten Reitstunde beginnt man nicht etwa nur mit Sitzübungen, sondern gleichzeitig auch mit *Fühlen* und *Einwirken*. Man hört oft, daß der Sitz die Grundlage des Reitens bildet. In gewisser Weise ist das auch sicher richtig. Andererseits aber ist die Haltung des Reiters bis in die kleinste Einzelheit abhängig von den Einwirkungen, die er geben will. Und beide, Sitz und Einwirkungen, werden wieder bestimmt durch Gefühl.

Von Anfang an muß der Reiter deshalb *fühlen* lernen. Er muß sich Gefühl erwerben dafür, ob er bequem und losgelassen zu

---

* Sagt man von einem Reiter, daß er gut sitzt, so bezieht sich dieses Lob, das anscheinend nur seinen Sitz beurteilt, notwendigerweise zugleich auf sein Gefühl und seine Einwirkungen.

Pferde sitzt und sich wirklich nur durch die Balance im Sattel hält. Gefühl dafür, ob er in die Bewegungen des Pferdes einzugehen versteht und wie er mit Kreuz, Gewicht, Schenkeln und Zügeln einzuwirken hat. Wer nicht für alles dies Gefühl bekommen hat, kann unmöglich *gut,* d. h. losgelassen und schmiegsam zu Pferde sitzen. Er klemmt vielmehr in irgendeiner, ihm irgendwie angewöhnten Haltung zu Pferde, und das hat mit Reiten nichts zu tun. Solch ein Sitz wäre falsch, grundfalsch und schlecht, und wenn er manchem auch noch so schön, *korrekt* und *vorschriftsmäßig* erscheinen mag. Er kann nicht gut sein, weil er gefühllos und steif ist.

Viele Reiter, die glauben, allen Anforderungen gewachsen zu sein, überschätzen ihr Können und unterschätzen die Aufgabe. Sie geben nicht sich die Schuld bei eintretenden Schwierigkeiten, sondern dem Pferd oder, wenn sie besonders klug sein wollen, körperlichen Mängeln des Pferdes, die bei richtiger Würdigung oft gar nicht oder doch nicht stark ins Gewicht fallen. Deshalb sind so viele Pferde schlecht geritten, und oft besonders gerade solche, von denen gesagt wird, sie seien *gut geritten.* Gutgerittene Pferde sind sehr selten zu finden, ebenso selten wie wirklich gute Reiter. Da jeder Reiter daher oft genug in die Verlegenheit kommen wird, mit Schwierigkeiten zu kämpfen, gehört es wesentlich zu seiner Ausbildung, daß er sich zum mindesten theoretisch auch einmal mit der Frage beschäftigt, worauf Untugenden des Pferdes zurückzuführen sind und wie ihnen beizukommen ist.

Dies sollte sich jeder, der sich mit Fug und Recht *Reiter* nennen will, ernsthaft überlegen. 99 % aller Pferde haben eine ganze Reihe von solchen Untugenden, die man mit *Ungehorsam* bezeichnet. 99 % aller Reiter verstehen es nicht, ihren Pferden solche Untugenden abzugewöhnen, und bemühen sich nicht einmal, das Verfahren zu verstehen, wie man solche Untugenden abstellen kann. Sie hören wohl davon, daß man sein Pferd *an die Hilfen stellen* müßte, aber es genügt ihnen, daß sie es einmal gehört haben. Sie gewöhnen dadurch zwangsläufig unabsichtlich ihren Pferden selbst alle möglichen Untugenden an. Sie nehmen sich nicht die Mühe zu überlegen, ob das An-die-Hilfen-Stellen (s. S. 56) wirklich so schwierig ist, wie oft gesagt wird. Infolgedessen kommen sie auch nicht dahinter, daß es viel, viel leichter ist und ebenso leicht zu lernen, wie das *Eingehen in die Bewegung des Pferdes.* Aber auch dieses und dadurch am Sattel kleben können 99 % aller Reiter nicht, weil sie nicht gelernt haben, ihr *Kreuz anzuspannen.* Was jedes Kind auf der Schaukel kann, ist für die meisten Reiter zu schwer, im Sattel auszuprobieren. Dies sollte jedem Reiter zu denken geben, ob er nicht für seine Person hinter dieses »schwarze Geheimnis« zu kommen versuchen sollte.

Wie lernt der Reiter sitzen?

Der Begriff *Sitz des Reiters* wird oft falsch aufgefaßt, denn er bezieht sich weniger auf die *Haltung der Gliedmaßen,* wie gewöhnlich angenommen wird, als vielmehr darauf, ob der Reiter
1. sich nur durch die Balance im Sattel hält und
2. losgelassen zu Pferde sitzt,
3. gelernt hat, in die Bewegungen des Pferdes einzugehen.

Wer diese drei Elemente des Sitzes wirklich beherrscht, sitzt gut und schön, hat seine Gliedmaßen in der Gewalt, vermag sie so zu halten, wie ihm sein Gefühl vorschreibt, und wie es notwendig ist, um richtig einwirken zu können.

Wie lernt der Reiter sitzen? 11

> Eine Abbildung des »korrekten« Sitzes wird nicht gegeben, um dadurch die Gefahr zu betonen, die in der Überschätzung der äußeren Form lauert.
>
> Balance,
> Losgelassenheit und
> Eingehen in die
> Bewegungen des Pferdes
>
> lassen sich kaum abbilden, ebensowenig wie das Gefühl. Dadurch soll die Bedeutung des guten Sitzes nicht verkleinert, im Gegenteil betont, der Blick aber auf die wesentlichen Elemente des Sitzes gelenkt werden.

Abb. 2. Der »korrekte Sitz«

Die Vorstellung von einem sogenannten *vorschriftsmäßigen, korrekten* Sitz des Reiters ist Veranlassung zu einer gefährlichen Überschätzung der äußeren Form und hat dadurch schon viel Unheil angerichtet.

Man kann sehr verschieden zu Pferde sitzen, man kann auch sicher durch Absehen von anderen viel lernen; aber ebenso wie jede Abbildung eines *korrekten* Sitzes oder seine Beschreibung unwillkürlich jeden dazu verführen müssen, die äußere Form nachzuahmen, ist es auch falsch, wenn der Reitlehrer einen Reiter veranlaßt, sich irgendwie *vorschriftsmäßig* hinzusetzen. Das muß notwendigerweise zur *Steifheit* führen, und das ist gerade der schwerste Fehler! (Vgl. S. 16.) Die Frage: »Wie lernt der Reiter sitzen?« ist außerordentlich wichtig. Sie ist nicht leicht und auch nicht mit wenigen Worten zu beantworten. Die beiden so häufig von Anfängern gestellten Fragen: »Sitze ich richtig?« oder »Welche Fehler mache ich noch?« werden zusammen mit der oben gestellten Frage geklärt. Im Grunde müßte sich die letzten beiden Fragen jeder Reiter selbst beantworten. Er allein kann einwandfrei beurteilen, ob er *bequem* sitzt und *fühlen* gelernt hat, vorausgesetzt, daß er erst einmal verstanden hat, worauf es ankommt und was gemeint ist mit den drei Begriffen *Balance, Losgelassenheit* und *Eingehen in die Bewegung des Pferdes*. Die Haltung der Gliedmaßen, die sich auf dieser Grundlage zwanglos und wie von selbst ergibt, wird bestimmt durch die Art der Einwirkungen, die ausgeübt werden sollen. *Schenkellage* und *Handhaltung* werden deshalb nicht besprochen bei Beantwortung der Frage: »Wie lernt der Reiter

Abb. 3. Verschiedene Sitztypen

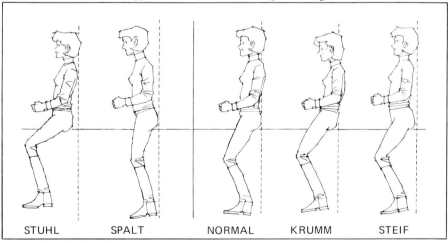

sitzen?«, sondern im Zusammenhang mit den *Einwirkungen* von Schenkel und Hand (s. S. 27), und die *Haltung des Oberkörpers* wird in Verbindung mit Einwirkungen des Gewichts (s. S. 31) beschrieben.

Die Balance

Das erste, was der Reiter lernen muß, ist *Balance* zu halten. Nur durch sie soll er sich auf dem Pferd halten, nicht mit Hilfe der Arme und Beine. Der Körper ruht senkrecht auf den beiden Gesäßknochen und dem Spalt, also auf drei Unterstützungspunkten, und zwar genau auf dem tiefsten Punkt des Sattels. Wesentlich ist dabei, daß dieser tiefste Punkt in der Mitte des Sattels liegt und nicht weiter vorn oder hinten; dies ist aber bei schlecht verpaßten Sätteln oft der Fall. Die richtige Lage des Sattels zeigt das oberste Pferd der Abb. 40, S. 82.

Arme und Beine haben mit der Balance nichts zu tun und können dem Reiter nur nützlich werden, wenn er die Balance verliert, um ihn vor dem Herunterfallen zu bewahren.

Am schnellsten findet der Reiter die Balance, wenn er in den ersten Reitstunden auf ausgebundenem Pferd mit Bügeln zunächst einige Zeit Schritt und dann ruhigen Trab reitet. Je weniger man dem Reiter hierbei zuruft, desto mehr kann er sich auf die Balance konzentrieren. Weil das Pferd ausgebunden ist, sind seine Bewegungen angenehm, weniger schwungvoll, und deshalb wird der Reiter weniger geworfen.

Es ist wichtig, den Anfänger zunächst auf Pferde mit sanften Bewegungen und ruhigem Charakter zu setzen. Zunächst sollte mit Bügeln geritten werden, um dem Reiter von vornherein größerer Sicherheit zu geben; so gewinnt er schneller Vertrauen und läßt sich los, weil kein Grund vorhanden ist, sich steif zu machen. Hat der Reiter trotzdem Schwierigkeiten, so liegt das meist daran, daß das ihm zugewiesene Pferd doch noch ein zu hohes Tempo hat. Ein Wechseln des Pferdes ist dann geboten; denn je leichter man es dem Anfänger macht, desto schneller faßt er Vertrauen und findet er die Balance.

Wenn erst einige Sicherheit in der Balance erreicht ist (und das tritt schon nach wenigen Reitstunden ein), muß diese durch Reiten ohne Bügel kontrolliert werden; dies zunächst aber ohne Übertreibung, damit das Vertrauen nicht gleich wieder verlorengeht. Mit schwindendem Vertrauen kommt der Reiter sofort wieder zum Anklammern mit den Schenkeln und damit zur Steifheit. Auch jeder Sturz vom Pferd hat bei manchem Reiter, der weniger couragiert ist, eine Einbuße an Sicherheitsgefühl zur Folge und führt zum Festklammern. Gleichsam schrittweise muß der Reiter sich vortasten, die Bügel erst für einige Tritte, dann, wenn er fühlt, daß es geht, für längere und immer längere Dauer loslassen und anfangen, sich im Sattel umzusehen, sich zu bewegen und Freiübungen zu machen. So stärkt er allmählich sein Zutrauen zur Balance mehr und mehr.

Die Balance ist eine Geschicklichkeitsübung, die jeder Reiter schnell begreift. Befestigt wird sie dadurch, daß der Reiter lernt, sein Kreuz anzuspannen (s. S. 19). Nur dadurch bekommt er einen Begriff dafür, wie er sich zurechtsetzen und sein Gesäß richtig placieren kann. Ohne Erklärung dieses Begriffes, was unter *Kreuz anziehen* und *Eingehen in die Bewegung des Pferdes* verstanden wird, besteht Gefahr, daß jede Aufforderung zum *Geradesitzen* oder *Hintenüberlegen* zur Steifheit und oft auch zum *hohlen Kreuz* führt. Wer mit hohlem Kreuz sitzt, drückt sein Gesäß hinten heraus; dadurch verliert er mit der festen Grundlage die Möglichkeit zu balancieren.

Wie lernt der Reiter sitzen?

Jeder muß lernen, sich gefühlsmäßig vollständig auf die Balance zu verlassen, genau wie das beim Radfahren erforderlich ist. Nur aus dem völlig sicheren Gefühl für die Balance kann sich das feinere Gefühl für das Mitgehen, für die Bewegungen des Pferdes und für Gewichtseinwirkungen entwickeln*. Gelangt der Reiter nicht zur Sicherheit in der Balance, so wird er nie eins mit dem Pferd.

Erreicht ist die Balance**, wenn der Reiter auch bei Wendungen und Schlangenlinien ohne Bügel sicher sitzt, ohne sich irgendwie festklammern zu müssen, und wenn er sich dabei ungehindert umsehen, bewegen und sprechen kann. Das kann jeder von sich selbst am besten beurteilen.

Hat der Reiter erst einmal gelernt, sicher im Gleichgewicht zu sitzen, so daß das Pferd in seinen Bewegungen nicht mehr gestört wird, so wird bald der Zeitpunkt kommen, in dem das Pferd seinerseits danach trachtet, mit dem Reiter im Gleichgewicht zu bleiben. Es reagiert dann auf die geringste Gewichtsverlagerung gewissermaßen wie das freihändig gefahrene Fahrrad. (Siehe Einwirkungen mit dem Gewicht seitwärts, S. 35.)

Auch der fortgeschrittene Reiter sollte sich durch Reiten ohne Bügel immer wieder einmal kontrollieren. Wem Reiten ohne Bügel unsympathisch ist, der sollte sich selbst eingestehen, daß dies seinen Grund nur darin haben kann, daß er sich irgendwie steif macht und deshalb nicht balancieren kann. Sonst wäre ihm das Reiten ohne Bügel nämlich nicht unsympathisch.

Die Losgelassenheit

Unter Losgelassenheit wird verstanden, daß die Gelenke gelockert und die Muskeln nicht steif, d.h. unwillkürlich angespannt werden. Damit ist aber nicht gesagt, daß die Gliedmaßen des Reiters schlenkern dürfen. Eine bewußte Anspannung der Muskeln wird vom Reiter ebenso verlangt wie vom Turner, der in guter Haltung eine Kippe, Schwungstemme oder Riesenwelle machen will.

Die Schwierigkeit besteht darin, daß der Reiter sich nicht immer dessen bewußt ist, ob er einen Muskel anspannt oder nicht. Sicher ist aber, daß Steifheit besteht, wenn der Reiter unbequem sitzt oder nur mit Anstrengung eine bestimmte Haltung einnimmt, und wenn er sich festklemmt. Sobald der Reiter einigermaßen die Balance herausgefühlt hat, ist jeder Grund zur Angst, zur Steifheit und zum Anklammern verschwunden. Der Losgelassenheit sind damit die Wege geebnet.

Man hört häufig, daß *Freiübungen zu Pferde* das Vertrauen des Reiters festigen, die Losgelassenheit und auch die Balance fördern sollen. Wenn man sich im Sattel umsieht, bewegt, spricht, pfeift, raucht und Freiübungen ausführt, kann man zweifellos mit dem Pferde vertrauter und damit zugleich losgelassener werden, falls man schon die Balance einigermaßen gefunden und etwas Vertrauen gefaßt hatte.

Wie es aber mit jedem Schlagwort ohne

---

* Sehr nützlich wirkt hier oft das Reiten ohne Sattel. Als Unterlage dient dem Reiter lediglich die Decke, die durch einen Voltigiergurt befestigt ist. Auf ausgebundenem Pferd kann der Reiter nun durch Erfassen der beiden Handgriffe des Voltigiergurts das Gesäß gut nach vorn an den Schwerpunkt heranziehen und ohne Furcht, die Balance zu verlieren, die Verkrampfung in Rücken und Schenkeln lösen und die Schwingungen des Pferderückens herausfühlen. Hier lernt er am sichersten, die eigene Wirbelsäule an die des Pferdes »anzuschließen«.

** »Balance« und »Losgelassenheit« stehen in engster Beziehung zueinander. Balance ist aber nicht identisch mit Losgelassenheit. Der Reiter muß in weitgehendem Maße sich loslassen, um balancieren zu können. Es ist aber nicht gesagt, daß er auch balancieren kann, wenn er sich losgelassen hat.

Überlegung des *Warum* oft geschieht, wird auf diesem ein System aufgebaut. So kommt es häufig vor, daß viel zu viel Zeit und Mühe auf solche Freiübungen verwandt wird. Durch ein Übermaß kann der Reiter in der Möglichkeit des Balancierens gestört werden. Man kann häufig genug beobachten, daß Reiter, die schon einen ganz losgelassenen Sitz hatten, durch zu starke Bewegungen und zu viele Freiübungen (Ballspielen zu Pferd) sich das Anklammern mit Ober- und Unterschenkeln wieder angewöhnen.

Reiten im Gelände fördert die Losgelassenheit und das Vertrauen mindestens ebensosehr, hat aber den großen Vorteil, daß der Reiter zugleich auch noch mit den Eigenschaften seines Pferdes und seinem Verhalten besser vertraut wird. So lernt man auch die Sprache eines fremden Landes viel leichter dort als bei methodischem Unterricht aus Büchern und mit Hilfe der Grammatik. Versteht man aber die Sprache erst einigermaßen, lernt sich die Grammatik später viel schneller und leichter.

Im Gegensatz zu der häufigen Überschätzung des Wertes der *Freiübungen zu Pferd* findet allgemein die Förderung der Losgelassenheit durch *Freiübungen zu Fuß* zu wenig Beachtung. Haltungsfehler, schlechte Angewohnheiten und Steifheiten, die im Körperbau und in ungenügender körperlicher Übung ihre Veranlassung haben, beeinträchtigen natürlich den Sitz des Reiters.

Man kann da unterscheiden zwischen Haltungsfehlern, die nur ein schlechtes Bild verursachen, und anderen Fehlern, die das *Reiten* selbst beeinträchtigen. Man muß auch einen Unterschied machen zwischen den Fehlern, die angeboren sind, Schiefen und Steifheiten, das heißt regelrechten körperlichen Mängeln, und schlechten Angewohnheiten, die der Reiter zum Teil schon zu Fuß, zum Teil aber auch nur zu Pferd hat.

Alle derartigen Haltungsfehler sollte der Reitlehrer mit dem Schüler besprechen, am besten außerhalb des Reitunterrichts. Soweit die Fehler durch Angst, zu große Anforderungen oder zu hohes Tempo des Pferdes verursacht werden, können Reitlehrer und Reiter gemeinsam Abhilfe beraten. Soweit sie aber in körperlichen Mängeln oder Angewohnheiten ihren Grund haben, kann der Reitlehrer dem Reiter nur Ratschläge geben, die dieser befolgen muß, wenn er seine Haltungsfehler beseitigen will.

Zum Unterschied von den vorher besprochenen *Freiübungen zu Pferd* müssen die der Korrektur von Haltungsfehlern und Steifheiten des Reiters dienenden *Freiübungen zu Fuß* rein individuell betrieben werden, also nie nach der Schablone von der ganzen Reitabteilung gleichmäßig; denn die Steifheiten sind nicht bei allen Reitern immer die gleichen.

Die anfangs meist auftretende Schwierigkeit sind Reitschmerzen, das sind Schmerzen in den Oberschenkeln, die verursacht werden durch die ungewohnte Dehnung der Oberschenkelmuskeln. Wer solche Schmerzen empfindet, hat meist später Schwierigkeiten mit der Schenkellage. Nur wer bequem sitzt, kann gut und losgelassen sitzen. Wem der Sitz Unbequemlichkeiten verursacht, wer Mühe hat, seine Unterschenkel dicht hinter dem Gurt am Pferdeleibe anliegend zu halten, ohne dabei das Knie vom Sattel abzuheben, wenn sie nicht gewissermaßen von selbst dort herabhängen, der ist zu eng im Spalt. Mit dieser körperlichen Schwierigkeit haben im Anfang sehr viele, etwa zwei Drittel aller Reiter zu tun. Der Grund liegt immer in einer starken und nicht elastischen Muskulatur der inne-

Wie lernt der Reiter sitzen?

Abb. 4. *Henry Chammartin (Schweiz) auf Wolfdietrich, Goldmedaille Tokio 1964. Losgelassenheit, Schwung und innere Ruhe zeichnen das sauber gerittene Pferd aus. Geradegerichtet und geschmeidig steht es an den unsichtbaren Hilfen des Reiters und ist bereit, jeder geringsten Einwirkung zu folgen*

ren Oberschenkelseite, wie dies insbesondere bei Erwachsenen häufig vorkommt. Dieses findet aber meist zu wenig Beachtung.
Wenn die Reitschmerzen, wie dies ganz natürlich ist, sich nach wenigen Tagen gelegt haben, kämpft der Reiter immer noch mit Schwierigkeiten in der Schenkellage, ohne zu wissen, welches der Grund dafür ist. Kein guter Wille, kein Zusammennehmen und *Sichmühegeben* können aber verhindern, daß Muskeln steif werden, wenn sie unbequem und nur mit Anspannung in der richtigen Lage gehalten werden können.

Durch Übungen, wie *Beinspreizen seitwärts* und *Einnehmen der erweiterten Spreizstellung,* kann man seinen Spalt weiten, das heißt die inneren Oberschenkelmuskeln dehnen. Es ist aber notwendig, daß man diese Übungen täglich mehrfach wiederholt, morgens, mittags und abends, wenn sie Erfolg haben sollen.
Anders als durch solche *Freiübungen zu Fuß* kann die Schenkellage nicht gebessert bzw. nicht dahin beeinflußt werden, daß sie bequem und losgelassen wird. Bis das häufige Beinspreizen zum Erfolg geführt hat, sucht man sich zu den Reitstunden am besten ein möglichst schmales Pferd aus, das wenig wirft.
Andere Haltungsfehler und Steifheiten in den Hüften und Fußgelenken, krummer und schiefer Rücken oder schiefe Hüften, müssen ebenso bekämpft werden. Auch Steifheiten in den Handgelenken sind hinderlich wie beim Klavier- oder Violinespiel. Alle diese Fehler lassen sich aber – und das ist das Wesentliche – nicht in der kurzen Zeit abstellen, die der Reiter zu Pferde sitzt.
Unterläßt es der Reiter aber, dem Ratschlage seines Lehrers zu folgen, dann darf er sich nicht wundern, wenn solche Mängel die Bequemlichkeit, Losgelassenheit und Güte seines Sitzes beeinträchtigen und er Schwierigkeiten mit Gefühl und Einwirkung behält.
Deshalb wurde zu Anfang gesagt, daß dieser Art der Freiübungen oft zu wenig Wert beigemessen wird.
Die größte Gefahr für die Losgelassenheit lauert aber in den *Sitzkorrekturen.* Das mag manchem aus der Praxis widersinnig erscheinen. »Man muß doch einem Reiter sagen, wie er sitzen soll, und ihn korrigieren!« Es ist aber nicht so abwegig, wie es zuerst erscheinen mag. Die so allgemein beliebten Sitzkorrekturen sind letzten Endes nichts

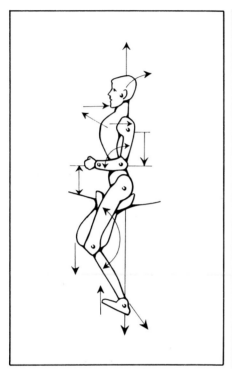

Abb. 5. Der unter Vernachlässigung der Losgelassenheit »korrekt hingesetzte« Reiter ist eine Gliederpuppe ohne Gefühl und Einwirkung

als ein Hineinpressen in die vorschriftsmäßige Form – also ein *Verführen zur Steifheit.*
Die Haltung des Körpers und der Gliedmaßen ist abhängig von ihrem Gebrauch, von den Einwirkungen, d. h. davon, wie die Gliedmaßen auf das Pferd einwirken sollen. Deshalb sollte man die Haltung des Reiters auch niemals für sich allein beurteilen, sondern immer nur im Zusammenhang mit der Hilfengebung und dem Gefühl – und auch nur in diesem Zusammenhang sollte man die Haltung zu verbessern suchen. Dies darf nicht so aufgefaßt werden, als ob die Verbesserung des Sitzes leicht genommen würde – im Gegenteil: viel schwerer; denn dadurch wird zum Ausdruck gebracht, daß der Reitunterricht nur in seiner Gesamtheit das Ergebnis eines guten Sitzes zu erzielen vermag, wenn der Reiter zugleich *richtig fühlen* und *richtig einwirken* lernt.

Jeder Lektion (Anreiten, Antraben, Parieren, Wenden, Angaloppieren) soll eine *halbe Parade* vorausgehen. Bei der Ausführung dieser halben Paraden (s. S. 91) muß der Reiter sich aufrichten, länger machen, die Schenkel am Pferde wirken lassen. Er verbessert also seinen Sitz und soll zugleich fühlen, ob die halbe Parade durchgegangen ist, vom Pferde befolgt wurde, – und zum Fühlen muß der Reiter sich loslassen.

Achten der Reiter selbst und sein Reitlehrer auf die Durchführung und Ausführung dieser *halben Paraden,* deren Bedeutung für die Ausbildung von Sitz, Gefühl und Einwirkung gar nicht hoch genug eingeschätzt werden kann, dann erübrigt sich wirklich jede *Sitzkorrektur.* Man vergegenwärtige sich nur, wie oft der Reiter eine halbe Parade geben muß: bei jedem Ankündigungskommando »Abteilung!«

Für den Reitlehrer ist es dasselbe, ob er die Ausführung seiner Ankündigungskommandos überwacht oder die Befolgung einer Sitzkorrektur. Für den Reiter ist es aber nicht dasselbe. Er soll sich nie *nur* aufrichten, nie *nur* gerademachen, nie *nur* die Brust herausnehmen, sondern er soll sich selbst und seinem Pferd eine *halbe Parade* geben. Das sagt viel mehr. Das Aufrichten soll einen Sinn haben und darf nicht steif sein. In der halben Parade soll der Reiter gleichzeitig das Sichlängermachen, Aufrichten, Schenkelherannehmen mit dem

Tafel 1. In vielen großen Prüfungen siegreich: Harry Boldt mit Woyzeck

Wie lernt der Reiter sitzen?

Kleben am Sattel, dem Eingehen in die Bewegung des Pferdes und mit Fühlen verbinden. Nur wer halbe Paraden richtig geben lernt, kommt zu einem schmiegsamen, guten und schönen Sitz.

Andererseits muß jede Sitzkorrektur, wie »Aufrichten«, »Geradesitzen«, »Brust heraus«, zur Folge haben, daß der Reiter sich steif macht, weil seine Aufmerksamkeit nur darauf gelenkt wird, sich zum Beispiel *gerade hinzusetzen*. Der Reiter soll aber nicht geradesitzen lernen (die Form), sondern »reiten«.

Wie lernt der Reiter in die Bewegung des Pferdes eingehen, am Sattel kleben?

Alle Schwierigkeiten beginnen erst mit dem Antraben, wenn der Reiter *geworfen* wird. Es gibt Pferde, die mehr, und solche, die weniger werfen. Je ruhiger die Bewegung ist, desto leichter findet sich der Reiter zunächst mit diesem Geworfenwerden ab. Er wird alsbald Balance halten können und zur Losgelassenheit gelangen. Soll er dann aber schnellere Tempi reiten, auch wenn sein Pferd nicht mehr ausgebunden ist, oder kommt er auf ein anderes Pferd, das mehr wirft, so empfindet er plötzlich das Geworfenwerden als große Unbequemlichkeit.

Der Anfänger hofft, das Geworfenwerden abzuwehren durch Festklemmen mit den Ober- oder Unterschenkeln. Er hat damit aber nicht den gewünschten Erfolg. Das hat außerdem Unbehagen, Durchreiten und Steifheiten zur Folge.

Die Ursache der Schwierigkeit, das Zurückbleiben hinter der Bewegung des Pferdes, wird in dem Kapitel *Gleichgewicht* (s. S. 31) behandelt. Überwinden läßt sich diese Erscheinung nur durch das *Kreuzanziehen*. Das Anspannen der *Kreuzmuskulatur* erfolgt im täglichen Leben nie bewußt, und die meisten Menschen machen sich deshalb auch nicht die richtige Vorstellung davon. Ihnen ist deshalb das folgende Kapitel als besonderer Abschnitt gewidmet, um seine Wichtigkeit zu betonen, und weil es eingehender Erklärung bedarf. Hat man aber die Bewegung des Kreuzanziehens richtig begriffen, so ist damit noch nicht gesagt, daß man sich ihrer auch zu Pferde richtig bedienen kann.

Wie man durch Kreuzanziehen eine Schaukel in Schwingung versetzen kann (s. Abb. 8 auf S. 21), ebenso kann man ein Pferd zum Vorwärtsgehen veranlassen. Befindet sich das Pferd in der Bewegung, kann man in gleicher Weise verhindern, daß man hinter der Bewegung zurückbleibt; das nennt man *Eingehen in die Bewegung* oder *Mitgehen*. Hat man das *Anreiten* richtig gelernt, kann man auch das *Mitgehen* – kann man aber eins von beiden nicht, so kann man auch sicher beides noch nicht richtig. Viele Reiter mit jahrelanger Praxis haben diese wichtige Grundlage eines guten Sitzes, die erste Vorstufe für jede feinere Hilfengebung, nie richtig erfaßt. Man kann das nie dem Zufall überlassen oder der Zeit – »das wird schon kommen« –. Es will und muß ausprobiert werden. Dazu ist ein gut gerittenes Pferd der beste Lehrmeister, weil es auf Kreuzanziehen sofort reagiert. Beim Anreiten fühlt der Reiter, wenn er die Hilfe zum Anreiten nicht nur mit den Schenkeln, sondern mit Kreuz und Schenkeln gibt, daß er mit einem minimalen Druck der Schenkel auskommt. Je mehr der Reiter sich des Kreuzanspannens zu bedienen lernt, mit einem desto geringeren Schenkeldruck kommt er aus.

Beim Parieren fühlt der Reiter, wenn er sein Kreuz zu Hilfe nimmt, daß die Parade einen ganz anderen Verlauf nimmt, als er sie bis dahin gefühlt hat. Ohne Kreuz wurde das Pferd am Maul durch Druck der Zügel aufgehalten, der unter Umständen ziemlich erheblich sein mußte. Mit Kreuz wird das ganze Pferd von hinten nach vorn gedrückt und läuft dabei gegen den Zügel, an dem es sich stößt, wenn dieser nicht nachgibt. Es bedarf dabei nur einer ganz winzigen Andeutung eines Druckes mit den Zügeln, um dem Pferde klarzumachen, daß es nicht vermehrt vorgehen, sondern parieren soll, und der Reiter fühlt, wie das Pferd in der Parade hinten tiefer und vorn höher wird. (S. Abb. S. 46 und Abb. S. 92.)

Um sein Gefühl für die Wirkung des Kreuzanziehens zu Pferde auszubilden, ist es demnach notwendig, daß man fortgesetzt anreitet und pariert, – anreitet, antrabt und pariert –, also dauernd Tempo wechselt vom Halten zum Schritt, zum Trab, und wieder zum Schritt und zum Halten, und wieder erneut anreitet. Fühlt man die Wirkung auf dem einen Pferd nicht, so muß man das Pferd so lange wechseln, bis man es doch gefühlt hat. Tut man das aber nicht, so lernt man es nie.

Es ist demnach erforderlich, zunächst ein sicheres Gefühl dafür zu bekommen, daß der Vorgang des Anreitens und Parierens mit Kreuz von dem ohne Kreuz wesentlich verschieden ist. Nur wer darin eine völlige Sicherheit erreicht hat, kann durch weitere Übung sein Gefühl dafür ausbilden, wie man durch das gleiche Anspannen des Kreuzes auch verhindern kann, daß man so stark geworfen wird wie früher.

Im ruhigen Trab werden durch das gleiche Kreuzanziehen wie beim Anreiten und Parieren Gesäß und Schwerpunkt nach vorn gedrückt und der untere Teil der Wirbelsäule festgestellt. Der tiefsitzende Reiter saugt sich mit den Schenkeln und der Kreuzmuskulatur gewissermaßen an den Sattel heran. Dies mag dem Anfänger zunächst unverständlich erscheinen, doch hat er einmal Gelegenheit, auf einem sich versammelnden Pferd zu sitzen, wird er fühlen, wie das Pferd seinerseits dem zwanglos anliegenden Schenkel entgegenkommt. Dadurch wird eine feste Verbindung mit dem Pferde erreicht, ohne daß dazu etwa eine besonders große Kraftanstrengung erforderlich wäre. Daher sind gut gerittene Pferde oder solche, die sehr wenig werfen, am besten geeignet, das Gefühl für das Mitgehen oder Eingehen in die Bewegung zu vermitteln. Durch häufiges Tempowechseln erleichtert man sich das, weil man das richtige Kreuzanspannen aus dem Anreiten und Parieren und gleich darauf wieder Anreiten mit hinübernimmt in die Trabbewegung. Durch stärkeres oder schwächeres Anspannen des Kreuzes kann man bei gleichbleibender Tiefe des Sitzes schwerer oder leichter im Sattel sitzen. Je höher das Pferd wirft und je flotter das Tempo ist, desto mehr muß man auch das Kreuz anspannen. Glaubt man schon einigermaßen hinter dieses Geheimnis gekommen zu sein, dann ist es unerläßlich, sein Gefühl auf anderen Pferden zu überprüfen.

Erreicht ist das *Kleben am Sattel* erst, wenn man auch im Mitteltrab nicht etwa nur auf einem Pferd, sondern auf mehreren Pferden nicht mehr im Sattel klappt und die Bewegung aussitzen kann, wenn man so fest und ruhig sitzt, daß man ein Blatt Papier unter dem Gesäß allein durch die Wirkung des Körpergewichts festhalten kann. Das Eingehen in die Bewegung des Pferdes ist immer etwas Schmiegsames, Gefühlvolles, das nie hart oder starr, nie anstrengend oder mit großen Bewegungen verbunden sein kann. Deshalb kann es auch der aufmerksame Beobachter nie anders erkennen als an der Wirkung. Der Reiter sitzt gefälliger und wird weniger geworfen als andere. Ruckweise Bewegungen mit dem Kreuz oder Wackeln mit dem Kreuz oder hohles

Wie lernt der Reiter sitzen?

Kreuz haben mit dem Kreuzanziehen nichts zu tun. Der Reiter kann sich beim Kreuzanziehen vielleicht einmal etwas hintenüberlegen, aber darin, daß man den Oberkörper hintenüberlegt, besteht das Kreuzanziehen nicht, und dadurch kann man das Mitgehen auch nicht lernen. (Vgl. auch Abb. S. 92.)

Man hört manchmal die Anweisung, der Reiter solle sein Kreuz mit den Bewegungen des Pferdes *mitschwingen lassen*. Mit diesem Rat ist auch keinem Reiter gedient. Das Mitschwingen und Eingehen in die Bewegung des Pferdes ergibt sich nicht von selbst durch passives Mitschwingenlassen, sondern nur aus einer aktiven Muskelbetätigung, einem bewußten Vordrücken-wollen heraus, ebenso wie man beim Schaukeln mehr Schwung nur bekommt durch Kreuzanziehen, während man durch Mitschwingenlassen zum Ausschwingen kommt.

Abb. 6. a = Normaler Sitz. b = Angezogenes Kreuz. c = Hohles Kreuz (falsch)

Das Anziehen des Kreuzes

Das *Anspannen* oder *Anziehen des Kreuzes,* wie es im reiterlichen Sinne verstanden wird, ist für jede Einwirkung und Hilfengebung wichtig, so wichtig, daß man keine Hilfe wirklich zu geben vermag, bevor man nicht bewußt sein Kreuz richtig anzuspannen versteht.

Ein Gefühl dafür bekommt nur, wer es *ausprobiert*. Gefühl kann man aber nur haben, wenn man sich nicht steifmacht; und auch beim Kreuzanziehen darf man sich vor allem nicht steif machen.

Bei der Einübung kann der Reiter reden, pfeifen, singen, evtl. rauchen. Alle solche Dinge sollte er auch tun, um dadurch zu vermeiden, daß er sich steif macht.

In der normalen Haltung verläuft die Wirbelsäule in einer mehrfach gebogenen Krümmung. Man kann das bei sich selbst und bei anderen durch Abtasten nachprüfen.

Beim *Kreuzanspannen* wird das untere Ende der Wirbelsäule (mit dem Kreuzbein,

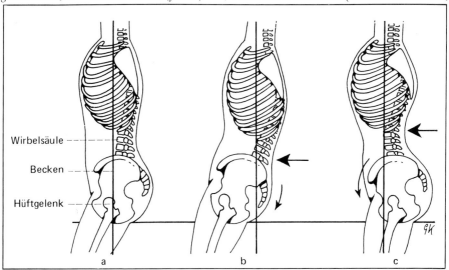

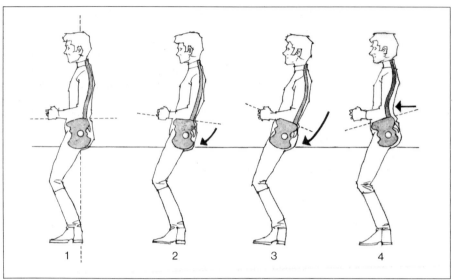

Abb. 7. 1 = Normaler Sitz. 2 = Angezogenes Kreuz. 3 = Stärker angezogenes Kreuz. 4 = Hohles Kreuz (falsch)

das die Verbindung zwischen Wirbelsäule und Becken bildet) nach vorn gedrückt. Das Becken wird dadurch hinten abwärts gedrückt und vorn gehoben, wodurch sich die beiden Gesäßknochen nach vorn schieben.

Die gegenteilige Wirkung wird erzielt durch das *hohle Kreuz,* bei dem umgekehrt das Becken nach vorn gekippt wird und die Gesäßknochen nach hinten genommen werden.

Man kann die Kreuzmuskulatur beiderseitig oder auch nur einseitig anspannen, folglich also sowohl beide Gesäßknochen als auch nur den rechten bzw. den linken allein vorschieben.

Ob man das Kreuzanspannen gelernt hat, sagt einem nur das Pferd, am deutlichsten ein Pferd mit weichem und empfindlichem Rücken.

Die Bewegung des Kreuzanspannens macht sich der Reiter am besten an folgenden Übungen klar:

Beiderseitiges Anspannen der Kreuzmuskulatur (Vorschieben beider Gesäßknochen)

1. Wer schaukelt, spannt beim Vorschwung sein Kreuz an und läßt es im Rückschwung los (Abb. 8).
2. Wer sich flach auf den Boden legt, kann sein Gesäß vom Boden nur hochheben, indem er sein Kreuz anspannt (Abb. 9).
3. Wer vor einem Tische steht, kann ein über den Tischrand hinausragendes Buch mit dem Körper ohne Zuhilfenahme der Hände auf den Tisch hinaufschieben, indem er die Kreuzmuskulatur anspannt (Abb. 10).

Bei diesem Beispiel wird am deutlichsten der Unterschied klar zwischen *Kreuz anziehen* und einem *hohlen Kreuz.* Während

Abb. 8. (rechts oben und Mitte)
Abb. 9. (rechts unten)

Wie lernt der Reiter sitzen?

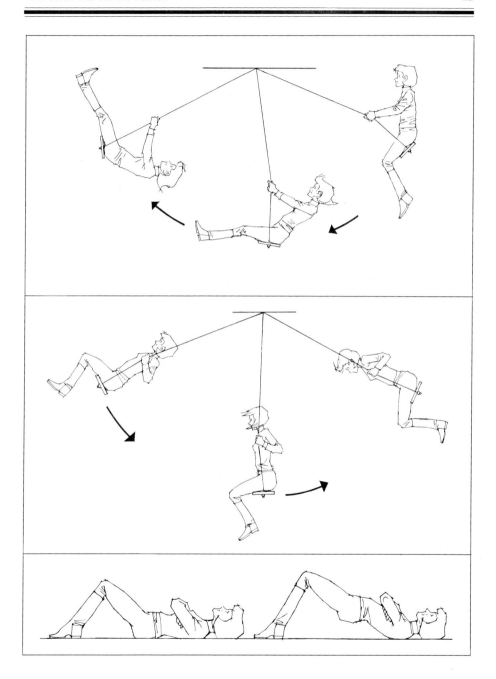

Die Ausbildung des Reiters

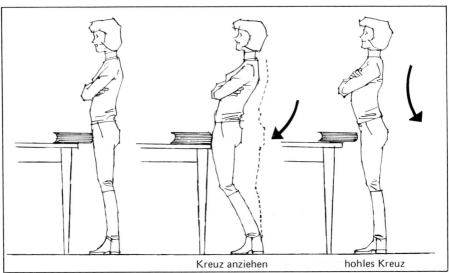

Kreuz anziehen — hohles Kreuz

Abb. 10. (oben)
Abb. 11. (unten)

das Gesäß beim Kreuzanspannen nach vorn gedrückt wird, worauf es beim Reiten ankommt, drückt derjenige, der sein Kreuz hohl macht, sein Gesäß nach hinten heraus. *Vorwölben der Brust* und *Zusammennehmen der Schulterblätter* hängen meistens mit hohlem Kreuz zusammen.

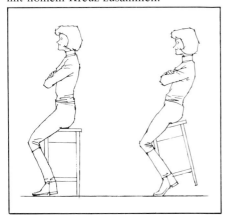

4. Wer angelehnt auf einem Stuhle sitzt, kann Oberschenkel und Gesäß durch Kreuzanspannen zum Vorrutschen bringen.
5. Wer sich breitbeinig, wie auf einem Pferd, auf einen schmalen, leicht kippenden Hocker setzt, kann durch Anspannen der Kreuzmuskulatur den Hocker zum Kippen bringen. Voraussetzung dafür ist, daß die Beine nicht vor der Schwerlinie, sondern rechts und links von ihr auf dem Boden stehen (Abb. 11). Setzt man sich vorn auf die Kante eines schweren Stuhles, kann man ihn auf die gleiche Weise zum Kippen bringen.

Jeder Reiter sollte sich nicht damit begnügen, solche Erklärungen anzuhören und die Bilder zu betrachten; denn wer die Bewegung verstanden hat, hat sie doch noch nicht gefühlt. Man muß sie ausprobieren, und wenn man ein sicheres Gefühl für das Kreuzanspannen hat, bedarf es immer noch besonderer Übungen zu Pferde, bis man sich des Kreuzanziehens mit vollem Erfolge bedienen kann. (Vgl. Abb. S. 45 u. 46).

Einseitiges Anspannen der Kreuzmuskulatur (Vorschieben nur eines Gesäßknochens)

Ebenso wichtig wie vorstehende Übungen ist das einseitige Anspannen der Kreuzmuskulatur. Das Reiten in Stellung, jede Wendung und der Sitz im Galopp sind abhängig davon, ob der Reiter gelernt hat, den inneren Gesäßknochen, d. h. die innere Hüfte vorzudrücken. Auch das will ausprobiert sein, bis man ein sicheres Gefühl für diese Bewegung hat.

1. Auf der Schaukel kann man durch Vordrücken nur der einen Seite der Schaukel diese in eine schiefe Bewegung bringen.
2. Wer sich flach auf den Boden legt, kann nur die rechte oder nur die linke Seite des Gesäßes vom Boden hochheben, indem er nur die betreffende Seite der Kreuzmuskulatur anspannt.
3. Wer vor einem Tische steht, kann ein über den Tischrand hinausragendes Buch ohne Zuhilfenahme der Hände durch Anspannen nur der rechten oder nur der linken Seite der Kreuzmuskulatur schräg auf den Tisch hinaufschieben.

Kreuzanziehen ist in den ersten Stunden ebenso leicht oder ebenso schwer zu verstehen und zu lernen wie später. Man kann die Kreuzmuskulatur in ebenso verschiedenen Graden anspannen wie jeden anderen Muskel und dementsprechend jede Hilfe mit mehr oder weniger Kreuz geben. Man kann das Gesäß kräftig vordrücken und weniger kräftig, man kann das Kreuz auch nur anspannen, um ein Zurückrutschen des Gesäßes zu verhindern, und man kann das Kreuz auch entspannen. Deshalb handelt es sich aber nicht um verschiedenartige Einwirkungen. Alles das will aber *ausprobiert* werden, damit es vor allem nicht nur bei der Redensart bleibt!

Man vergesse nie: Kreuzanziehen bildet die Grundlage zum Zurechtsetzen, Anreiten und Parieren. Ohne Kreuzanziehen ist jede Hilfe undenkbar, jede Parade nur ein Ziehen am Zügel. Ohne Kreuz kein Sitz, ohne Sitz keine Einwirkung. Fehlt diese Grundlage, so kann der Reiter einem aufkommenden Ungehorsam nicht entgegenwirken.

Die Fehler, die beim Kreuzanspannen gemacht werden, sind (s. Abb. 12):

1. Der Reiter probiert die Bewegung zu Fuß nicht genügend aus, sondern glaubt, daß es sein Bewenden damit haben kann, wenn er die Bewegung mit dem Verstand erfaßt hat. Sitzt er dann zu Pferd, hat er kein Gefühl dafür, welche Muskelgruppen er anspannen muß.
2. Der Reiter probiert das Kreuzanziehen zu Pferd als eine Übung für sich nicht genügend aus. Man kann sich das Gefühl dafür nur aneignen, wenn man beim Anreiten, Antraben und Parieren sich ganz nur darauf konzentriert. Man sollte dabei nicht vergessen, daß die Schenkel immer Fühlung am Pferdeleibe haben müssen.

Gelingt es auf einem Pferde nicht, so muß man so lange das Pferd wechseln, bis man es gefühlt hat.

Man hört auch oft sagen, daß ein Reiter *viel Kreuz hat* oder *ein Bombenkreuz* oder *er hat kein Kreuz*. Diese Ausdrücke führen leicht irre. Alle Reiter haben von Hause aus ziemlich gleich viel Kreuz, sie wenden es nur nicht gleichmäßig an. Die Muskelgruppen sind bei allen Menschen auch so stark, daß fast nie eine Ermüdung in diesen Muskeln infolge zu starker Inanspruchnahme eintreten kann. Etwas ganz anderes sind richtige Kreuzschmerzen. Diese können wohl durch das Geworfenwerden, durch zu lang ausgedehnte Ritte und andere Überanstrengungen eintreten. Eine solche

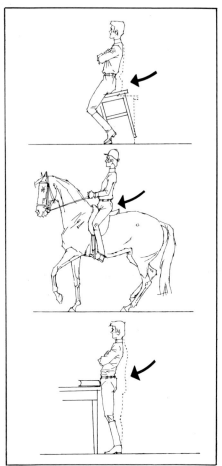

Abb. 12. Kreuzanziehen in der Parade. Vergleiche die Abb. 27–29 und 47

Überanstrengung kann aber kaum auftreten als Folge von zu *angestrengtem* Kreuzanziehen und Gesäßvordrücken.

Wie lernt der Reiter fühlen?

Unter *Reitergefühl* versteht man das jederzeitige gefühlsmäßige Beurteilen des eigenen Sitzes, der Einwirkungen und Hilfen, sowie der Durchlässigkeit, des Schwunges und der Aufmerksamkeit seines Pferdes, und das zu jeder Zeit. Das Gefühl soll dem Reiter sagen, wie sein Pferd geht, welche Einwirkungen oder Hilfen notwendig sind, mit welchem Nachdruck sie zu geben sind, ob der Nachdruck genügt oder zu stark war, ob er wiederholt werden muß oder der Zweck erreicht ist.

Gefühl kann man sich nur selbst beibringen. Andere können es nur anregen und fördern durch richtige Erklärung und Hinweis auf die Selbstkontrolle, durch die Auswahl der Lektionen, durch die Art, wie ihre Ausführung gefordert und vom Lehrer kontrolliert wird. Es kommt nie darauf an, *daß* die Lektionen ausgeführt, sondern auf die Art, *wie* sie geritten werden.

Eine strenge Selbstkontrolle wird im folgenden bei jeder Einwirkung, Hilfe und Lektion gefordert, weil nur durch sie, also mit Hilfe des Verstandes, das Gefühl geweckt, gebildet und immer wieder gefördert werden kann. Gefördert wird das Gefühl auch dadurch, daß der Reiter zunächst leichte Aufgaben zu lösen lernt, an eine schwierige Lektion jedoch erst dann herangeht, wenn er die leichtere richtig gelernt hat.

Bemüht sich der Reiter vergeblich, einer gesteigerten Anforderung richtig nachzukommen, dann soll er sich nicht mit einer falschen Ausführung begnügen – dies stumpft das Gefühl ab –, sondern soll den Reitlehrer fragen. Geschieht das in taktvoller, bescheidener Form, so wird kein Reitlehrer das übelnehmen. Wohl aber wird der Reitlehrer einen Versuch des Reitschülers, ihn zu täuschen, als Gleichgültigkeit beurteilen und sich in Zukunft weniger Mühe geben. Interesse auf der Seite des Schülers spornt stets das Interesse des Lehrers an und umgekehrt.

Wie lernt der Reiter fühlen?

Das wird an einem Beispiel klarer: Der Reitlehrer verlangt für die Ausführung der ganzen Parade (s. S. 91), daß der Reiter gleichzeitig mit Kreuz und Schenkeln und Zügel wirkt. Der Reiter fühlt, wenn er die Schenkel vermehrt wirken läßt, daß sein Pferd nicht pariert, sondern vermehrt vorwärtsgeht. Er gibt daher die Schenkeleinwirkung auf und zieht einfach am Zügel. Die meisten Reiter erleben und erkennen diesen Widerspruch, bringen ihn aber nicht zur Sprache. Dies ist ein großer Fehler. Der Reiter soll sich mit seinem Lehrer darüber aussprechen, um dann auf einem anderen Pferd oder mehreren, gefühlvolleren Pferden die Parade richtig zu versuchen, bis er gefühlt hat, wie sie auszuführen ist.

Die Pferde, die zum Unterricht zur Verfügung stehen (es wird oft unüberlegt dem Pferdematerial Schuld gegeben), stumpfen sehr schnell ab – mögen sie noch so gut geritten sein –, wenn der Reiter so häufig gewechselt wird, wie das bei Verleihpferden die Regel bildet. Sie bleiben nicht alle so gefühlvoll und fein geritten, wie man gern wünschen möchte. Deshalb ist es nicht immer möglich, sich das richtige Gefühl gerade auf dem Pferd anzueignen, das man im Augenblick reitet. Wohl aber richten sich auch solche Pferde stets nach richtigen Hilfen, wenn man sie auf gutgerittenen, feinfühligeren Pferden richtig zu geben gelernt hat. Häufiger Pferdewechsel wird zur Ausbildung des Gefühls mit der Zeit immer wichtiger, weil jedes Pferd sich anders fühlt. So ist der Reiter gezwungen, sich immer von neuem einzufühlen und den Nachdruck der Hilfengebung der Empfindlichkeit des Pferdes anzupassen.

Der beste Reitlehrer, der einzig und allein jedem Reiter Gefühl beizubringen in der Lage ist, ist immer das Pferd. Unermüdlich und geduldig sagt es seinem Reiter, was er falsch gemacht hat. Man muß nur seine Sprache verstehen und auf seine Korrekturen hören. Anfänger überhören meist diese Sprache und kommen sich noch sehr forsch vor, wenn sie dem *dummen Biest* vorwerfen, daß es stur, gefühllos, verbraucht und schlecht geritten sei.

Die Mahnungen, die das Pferd gibt, sind verschiedener Art.

Kopfschlagen bedeutet immer einen Stoßseufzer des Pferdes: »Reiß mich nicht so im Maul.« Schlagen mit den Hinterfüßen nach dem Schenkel heißt: »Du hast mich mit dem Sporn gekitzelt.« Schweifschlagen heißt: »Du gebrauchst deine Unterschenkel zu unruhig, du kitzelst mich mit dem Sporn.« Drücken auf die Hand mit dem Maul heißt: »Du bist zu hart.« Das Pferd ist nämlich immer so hart wie die Hand des Reiters. Druck erzeugt, wie immer im Leben, Gegendruck. Beklagt sich der Reiter über die Härte des Maules, so beklagt er sich meist über seine eigene Untugend. Sicher werden viele Pferde allmählich härter und gefühlloser im Maul, weil sie so häufig im Maul gerissen werden. Behandelt man aber solche Pferde gefühlvoller und weicher, so wird schon nach ganz kurzer Zeit auch das härteste Pferd sich wieder weicher fühlen.

Die meisten Reiter denken, wenn von Gefühl gesprochen wird, in erster Linie an ihre Hand; und doch ist das wichtigste, daß der Reiter fühlen lernt nicht mit der Hand, sondern vielmehr durch seinen Sitz. Die erste Gelegenheit, die sich hierfür jedem Anfänger in den ersten Reitstunden schon bietet, ist die, wenn sein Pferd beim Halten mit dem einen Hinterfuß ruht oder ihn zurückstellt. Dies kommt nach der ganzen Parade häufig vor. Meist unbewußt fühlt schon der Anfänger, daß er plötzlich auf der einen Seite tiefer sitzt als auf der anderen. Der Grund dafür ist ihm aber nicht bekannt. Oft genug kann man aber beobachten, wie er

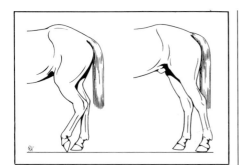

Abb. 13. Die erste Gelegenheit, fühlen zu lernen, wenn das Pferd beim Halten mit einem Hinterfuß ruht (links) oder ihn zurückstellt (rechts)

sich bemüht, dies auszugleichen, indem er sich zurechtsetzt, aufrichtet, in die Bügel stellt, wieder Platz nimmt und sich schließlich in das Unvermeidliche ergibt. Er achtet dann auch nicht weiter darauf, wenn er keinen Erfolg mit dem Zurechtsetzen gehabt hat. Hätte der Reiter aber durch Schenkeldruck sein Pferd veranlaßt, sich wieder auf alle vier Beine gleichmäßig hinzustellen, so hätte er ebenso gefühlt, wie er nunmehr wieder gerade sitzt, wie die tiefere Seite wieder höher geworden ist.

Das Beispiel und die Abb. 10 sollen jeden Leser mahnen, selbst auch auf zunächst unwichtig erscheinende Dinge zu achten und nicht alles dem Reitlehrer zu überlassen. Gefühl eignet sich nur der an, der *mit Kopf* reitet und dem auch bewußt wird, was er fühlt.

So kann jeder Reiter selbst auch am besten beurteilen, ob er schon das *Mitgehen* gelernt hat, denn er fühlt sich im Sattel klappen und weiß selbst am besten zu sagen, ob er dieses Klappen vermeiden kann. Hat der Reiter aber noch kein Gefühl dafür, daß er mit dem Körpergewicht ein Stück Papier unter dem Gesäß festhalten kann, dann sollte ihn auch kein Kompliment über seinen angeblich *schönen Sitz* oder *die gute Schenkellage* überzeugen, dann sollte er sich selbst ruhig eingestehen, daß er das wichtigste am Sitz noch nicht gelernt hat.

Viele Reiter, auch solche, die schon lange reiten, geben, auf Ehre und Gewissen befragt zu, daß sie nicht fühlen, wenn sie im falschen Galopp sind. Wer das nicht schon beim ersten Galoppsprung fühlt, sitzt falsch und versteht es nicht, in die Galoppbewegung einzugehen.

Es gibt auch viel weniger Reiter, als man allgemein annimmt, die wirklich ein richtiges Gefühl dafür haben, was unter dem Begriff *am Zügel* oder *an den Hilfen* oder *hinter dem Zügel* verstanden wird. Weil diese Fragen aber so wichtig sind, werden sie eingehend auf den Seiten 56 und 59 behandelt.

Auch sonst kann sich jeder Reiter am besten immer nur selbst davon überzeugen, was er gelernt hat, indem er sein Können auf empfindlichen Pferden überprüft. So kontrolliert man:

auf einem Pferd mit weichem Rücken, ob man schmiegsam in die Bewegung des Pferdes einzugehen gelernt hat,

auf einem Pferd mit empfindlichem Maul, ob man eine weiche Hand hat,

auf einem kitzligen Pferd, ob man seine Schenkel ruhig hält.

Je empfindlicher das Pferd, desto klarer fällt die Meinung aus.

Die meisten Reiter sind aber mit sich selbst sehr zufrieden, scheuen sich davor, solche Dinge auszuprobieren oder geben gar bei Mißerfolgen dem armen Pferd die Schuld. Sie sind obendrein auch noch beleidigt, wenn ihr Können angezweifelt wird.

So ergibt sich Gefühl nur aus der Praxis und hilft jedem wieder weiter in der Praxis, aber auch nur dem, der sich helfen lassen will. Ohne eigenes Zutun, ohne Selbstkontrolle, das heißt ausprobieren, und ohne guten

Willen lernt der Mensch nie etwas, auch nicht aus sogenannter Erfahrung und Praxis.

Wie lernt der Reiter einwirken?

Der Reiter kann mit Schenkeln, Zügeln, Gewicht und Kreuz auf das Pferd einwirken. Ihrer Natur nach wirken in erster Linie
die Schenkel treibend,
die Zügel verhaltend,
das Gewicht wendend,
während das Kreuz die notwendige Brücke bildet, die die verschiedenen Einwirkungen miteinander verbindet.
Diese Einwirkungen werden im folgenden einzeln besprochen.
Der Nachdruck, mit dem die einzelnen Einwirkungen zu geben sind, richtet sich nach der Empfindlichkeit des Pferdes. Keine von ihnen kann jedoch mit solcher Kraft gegeben werden, daß ein mechanischer Zwang für das Pferd entsteht. Wenn eine Einwirkung in Verbindung mit anderen Einwirkungen angewendet wird, ergeben sich unendlich viele Nuancen und Kombinationen. Solche Kombinationen, mit denen der Reiter dem Pferd seinen Willen kund tut, nennt man *Hilfen*.
Man unterscheidet die *Hilfen* zum Anreiten, zum Antraben, zum Angaloppieren, zum Rechtsstellen, zum Linksstellen, zu Paraden, halben Paraden usw. (siehe Lektionen S. 90 ff.). Jede dieser *Hilfen* besteht aus mehreren *Einwirkungen,* die gleichzeitig gegeben werden müssen, wenn das Pferd verstehen soll, was der Reiter will. Wir sprechen deshalb auch nie von Schenkelhilfen und Zügelhilfen, sondern immer nur von *Einwirkungen mit den Schenkeln, Zügeln* usw.
Es liegt nun der Gedanke nahe, daß der Reiter zunächst die einzelnen *Einwirkungen* für sich allein ausprobiert, um dann, wenn er mit ihnen vertraut ist, *Hilfen* geben zu können. Das ist in dieser Form meist leider nicht möglich, weil das Pferd auf Einwirkungen nur dann vernünftig reagieren kann, wenn mehrere von ihnen in Kombination gegeben werden, damit sie als *Hilfen* für das Pferd verständlich sind. Will man zum Beispiel die Wirkung des *Annehmens der Zügel* für sich allein ausprobieren, ohne die zum Verständnis für das Pferd notwendigen Ergänzungen der Kreuz- und Schenkeleinwirkungen mit dem richtig abgemessenen Nachdruck gleichzeitig vorzunehmen, dann weiß das Pferd nicht, was es machen soll. Es kann den Kopf höher und tiefer nehmen, dem Druck der Zügel nachgeben oder gegendrücken, ebensogut aber auch mit dem Kopf schlagen; nur das eine kann es nicht: Verstehen, was der Reiter will!
Der Reiter muß demnach von Anfang an lernen, richtige *Hilfen* zu geben. Er wird hierbei mit den einfachsten Hilfen beginnen: der Hilfe zum Anreiten, zum Antraben und zum Parieren. Diese Hilfen sind deshalb am leichtesten auszuführen, weil die erforderlichen Einwirkungen rechts und links gleichmäßig und ohne Gewichtsverlegung zu geben sind.
Schwieriger als diese Hilfen sind die, bei denen die Einwirkungen von Zügeln und Schenkeln rechts und links unterschiedlich vorgenommen werden. Sie sind deshalb zunächst im Halten zu üben, denn im Gange macht sich der Reiter, so lange er noch mit der Balance zu kämpfen hat und noch nicht richtig in die Bewegung des Pferdes eingehen kann, viel eher steif, vor allem, wenn solche unterschiedlichen Einwirkungen von ihm verlangt werden.
Das Eckenpassieren macht das ruhige Anfänger-Pferd schlecht und recht in der Bahn von selbst ohne Zutun des Reiters, auch ausgebunden, und lehrt dadurch den Reiter

wohl die Gewichtsverlegung nach innen; aber dieser lernt dabei noch nicht, wie die Hilfe zum Wenden gegeben werden muß. Die Vorhandwendung (s. S. 100) und die Hinterhandwendung (s. S. 101) sind deshalb unerläßliche Vorübungen. Sie lehren beim trittweisen Ausprobieren den Reiter am besten, zu fühlen, wie er seine Einwirkungen fein aufeinander abstimmen muß, um sie dem Pferd als *Hilfe* verständlich zu machen. Das hierbei erworbene Gefühl wird dem Reiter die Grundlage geben für alle weiteren Lektionen. Je feiner und unsichtbarer die Hilfegebung, desto vollendeter die Harmonie zwischen Reiter und Pferd.

Die Einwirkungen mit den Schenkeln*

Die gefühlvolle Einwirkung mit dem Schenkel verlangt einen herabgedrückten Absatz; hierdurch wird sowohl die Tiefe des Sitzes als auch die Tiefe des Knies günstig beeinflußt und die Muskulatur der Wade unbewußt angespannt.
So wirken die Unterschenkel:
dicht hinter dem Gurt *vortreibend;* dafür bekommt der Reiter schon in den ersten Reitstunden Gefühl, wenn er spürt, daß sein Pferd im Halten durch Anlegen beider Unterschenkel, Druck oder Klopfen zum Antreten veranlaßt wird;
etwa eine Handbreit hinter dem Gurt *seitwärtstreibend* oder das Seitwärtstreiben verhindernd, begrenzend, d. h. *verwahrend;* auch diese Einwirkungen lernt der Reiter schon sehr früh kennen, wenn er fühlt, daß sein Pferd im Halten durch einseitige Schenkeleinwirkung etwa eine Handbreit hinter dem Gurt die Hinterhand einen Schritt in die Bahn hineinstellt und

umgekehrt auch wieder zurück auf den Hufschlag.
Der Schenkel wirkt demnach auf den gleichseitigen Hinterfuß des Pferdes ein. Das Gefühl hierfür steigert und verfeinert sich beim Reiter derart, daß die Schenkeleinwirkungen zu selbstverständlichen Reflexbewegungen werden, deren Betätigung nicht erst der Überlegung bedarf, sondern instinktiv einsetzt. Die erforderliche Druckstärke regelt sich bald gefühlsmäßig. Ob der Reiter durch Druck oder Klopfen mit den Schenkeln wirken muß, sowie die Stärke des Drucks oder des Klopfens, richtet sich nach der Empfindlichkeit des Pferdes.
Die treibende Wirkung des Schenkels ergibt sich nicht aus einem mechanischen Zwang gewissermaßen von selbst. Dem jungen Pferd muß die Bedeutung des Schenkeldrucks erst unter Zuhilfenahme der Gerte verständlich gemacht werden. Daher kann jedes Pferd gegen die Einwirkung des Schenkels abstumpfen, sich auch gegen den Schenkel werfen. Es ist deshalb wichtig, daß die Einwirkungen mit den Schenkeln immer gleichmäßig und gleichartig gegeben werden. Deshalb müssen die Schenkel eine ruhige, gleichmäßige Lage haben.

Die Schenkellage

Mit den Schenkeln hat der Reiter eine stete, leichte Fühlung mit dem Pferdeleib, dessen Wärme er durch den Stiefelschacht spürt.
Die Schenkel dürfen daher nicht weggestreckt sein. Sie würden sonst zu große Bewegungen machen müssen, wenn sie tätig werden sollen, und würden das Pferd überraschen und erschrecken. Ein schlenkernder Schenkel irritiert das Pferd genauso wie ein schlenkernder Zügel.

---

* Mit *Schenkeln* sind in der Reitersprache im allgemeinen die *Unterschenkel* gemeint.

Die Schenkel dürfen aber auch nicht klammern, sonst ermüden sie und stumpfen auch das Pferd allmählich gegen leichten Druck ab. Der Schenkeldruck muß für kurze Augenblicke auch einmal stärker werden können; der pressende Schenkel als Zange ist aber eine Erfindung von Karl May. Mit je geringerem Schenkeldruck man auskommt, desto weniger ermüdet man, desto feiner ist die Übereinstimmung mit dem Pferd.

Die Haltung der Schenkel darf dem Reiter keinerlei Unbehagen oder Schwierigkeiten bereiten und muß sich ganz von selbst ergeben. Der Anfänger hat in dieser Hinsicht oft Schwierigkeiten; Freiübungen können hier sehr nützlich sein. Durch Zwang oder *Zusammennehmen* kann nichts Selbstverständliches, Losgelassenes, sondern nur Steifes erreicht werden.

Für die Winkelung zwischen Ober- und Unterschenkel gibt es keine Norm, da sich der Winkel nach der Länge der Beine und der Wölbung des Pferdeleibes richtet. Je länger die Beine und je schmaler das Pferd, desto spitzer wird der Winkel sein; je kürzer die Beine und je mächtiger der Pferdeleib, desto gestreckter wird der Winkel sein. Dementsprechend reitet jeder Reiter auf schmalerem oder mächtigerem Pferd mit unterschiedlicher Bügellänge.

Bügelhaltung

Das Ausmessen der Bügellänge mit den Armen vor dem Aufsitzen ist annähernd richtig. Genau kann man aber die Bügellänge nur im Sattel richtig stellen.

Die Bügel sind zu lang geschnallt, wenn man die Fußspitzen herunterdrücken muß, um die Bügel zu halten, oder wenn man die Fühlung mit dem Pferdeleib verliert.

Die Bügel sind zu kurz geschnallt, wenn die Anlehnung der Schenkel am Pferdeleib so fest wird, daß man die Unterschenkel nicht mehr bequem bewegen kann. Dies kommt daher, daß zu kurz geschnallte Bügel die Unterschenkel und Knie heben und damit das Gesäß nach hinten aus dem tiefsten Punkt des Sattels herausdrücken. Der Reiter verliert damit die sichere Grundlage des Sitzes und klammert sich unwillkürlich mit den Schenkeln fest (Stuhlsitz).

Wenn die Bügel richtig geschnallt sind, werden die Schenkel nicht gehindert, bequem mit dem Pferdeleib Fühlung zu halten; auch fallen so die Bügel bei angehobener Fußspitze von selbst wieder unter den Fuß, wenn der Reiter sie einmal verloren hat. Der Bügelriemen soll nicht verdreht sein, sondern soll sich glatt an die Wade anschmiegen. Ein verdrehter Riemen stört das gleichmäßige Fühlen und führt leichter zum Verlieren des Bügels.

Die Bügel gehören unter den Fußballen, damit das Fußgelenk ungehindert beweglich ist. Der Reiter sollte danach streben, vermehrt mit der inneren Seite des Fußes (großer Zeh-Ballen) Druckpunkt auf den Bügel zu nehmen, so daß der äußere Sohlenrand ein wenig höher liegt als der dem Pferdeleib zugekehrte. Hierdurch wird die flache Lage des Schenkels und die Tiefe des Knies wesentlich begünstigt. Zum Geländereiten werden die Bügel um zwei bis drei Loch, zum Springen über höhere Hindernisse um drei bis fünf Loch und zum Renngalopp noch kürzer geschnallt, wobei der Fuß bis zum Spann im Bügel durchgesteckt wird.

Lage des Knies

Die Lage des Knies soll möglichst tief sein. Das ist nicht deshalb notwendig, weil das Knie dort irgendwie einwirken soll, wohl aber deshalb, weil mit der höheren oder tieferen Lage des Knies die Lage der Schenkel und auch des Gesäßes zusammenhängen. Man muß sein Pferd möglichst tief mit den Schenkeln umfassen, um möglichst viel Berührungsfläche mit dem Pferdeleib zu haben.

Ein hochgezogenes Knie hat zu waagerecht placierte Oberschenkel und ein nach hinten herausgeschobenes Gesäß (Stuhlsitz) zur Folge. Der Reiter muß selbst beurteilen können, wie er seine Knie hält, und wissen, wie er sie herabdrücken kann. Beim Reiten in Stellung, bei allen Wendungen und beim Galopp muß er das innere Knie und den Absatz (Ferse) tiefer nehmen. Das vermag er nur, wenn er sein Gefühl dafür ausgebildet hat. Mit dem Anziehen des Kreuzes lernt man, beide Knie herabzudrücken, wenn man sein Kreuz beiderseitig anspannt (s. S. 20), oder das innere Knie herabzudrücken, wenn man das Kreuz nur einseitig anspannt. Die Bewegung hängt mit dem Verschieben der beiden oder des einen Gesäßknochens zusammen, weil zum Teil dieselben Muskeln in Tätigkeit treten. Hat der Reiter darauf zu achten gelernt, fällt es ihm nicht schwer, gleichzeitig seine Knie zu senken.

Das Herabdrücken der Knie nach unten hat aber Grenzen:
1. Man darf mit den Unterschenkeln nicht die Fühlung mit dem Pferdeleib verlieren. Das ist bei großen Reitern mit langen Beinen auf kleinen Pferden leicht möglich.
2. Man darf die Schenkel nicht zu weit nach hinten placieren; sie müssen am Gurt liegen, wenn sie treiben sollen.
3. Man darf die feste Grundlage auf den drei Stützpunkten im Gesäß (die beiden Gesäßknochen und der Spalt) nicht verlieren, sonst kommt man zum Spaltsitz.

Knieschluß

Unter *Knieschluß* versteht man ein festes Herandrücken und Anliegen der Knie am Pferdeleib.

Das Knie ermöglicht als Gelenk die Bewegungen des Unterschenkels und muß in seiner Beweglichkeit unbehindert sein. Naturgemäß wird es selten fest am Pferdeleib anliegen. Es würde dadurch in seiner Bewegungsfreiheit gehemmt werden. Knieschluß ist nur in Ausnahmefällen notwendig, um dem Reiter unter besonderen Verhältnissen eine feste Stütze für das durch die kürzere Bügelschnallung höher gelegene Knie zu geben; er wird daher besonders vom Renn- und Springreiter angewandt. Um einen besseren Knieschluß zu erreichen, ist das Leichttraben ohne Bügel nur für solche Reiter angezeigt, die bereits über einen losgelassenen, unabhängigen Sitz verfügen.

Die Fußspitzen

Die Fußspitzen zeigen schräg nach vorn. Ihre Haltung regelt sich von selbst. Zeigen die Fußspitzen genau nach vorn, dann streicht der Reiter, wenn er das Knie vermehrt krümmt, am Pferdeleib mit der Wade aufwärts, ohne einen vermehrten Druck ausüben zu können und erreicht deshalb keine entsprechende Wirkung. Zeigen die Fußspitzen rechtwinklig nach außen, so klemmen die Unterschenkel, sind steif, und der Reiter vermag mit ihnen nicht gefühlvoll einzuwirken.

Der Reiter, der sich erst durch andere bestätigen lassen muß, ob seine Schenkellage richtig ist, hat kein Gefühl. Jeder muß das am besten selbst beurteilen können, denn nur er kann fühlen, ob die Schenkellage unbequem ist, ob er mit richtiger Bügellänge reitet, ob er die Bügel zu halten ver-

Wie lernt der Reiter einwirken?

Abb. 14. William Steinkraus (USA) auf Sinjon xx. Die beachtlichen Erfolge der US-Equipe beruhen auf einer einheitlichen Ausbildung und der Pflege des Stils

mag, ob er eine dauernde leichte Fühlung mit dem Pferdeleib hat und jederzeit gefühlvoll einzuwirken vermag.
Aber kontrollieren muß auch der geübteste Reiter sein Gefühl, um sich zu vergewissern, daß er sich keinen Täuschungen hingibt. Aus diesem Grund reiten erfahrene Reiter immer wieder einmal einige Zeit ohne Bügel. Das sollte jedem Anfänger zu denken geben!
Man muß aber von Zeit zu Zeit auch kontrollieren, ob man wirklich eine leichte Fühlung mit dem Pferdeleib hat oder sich diese nur einbildet. Man läßt durch einseitige Schenkeleinwirkungen das Pferd mit der Hinterhand einen halben Schritt nach der einen Seite und dann einen halben Schritt nach der anderen Seite treten. Das kann man im Halten und auch im Gange machen. Der Vorgang ist so geringfügig, daß er von niemandem bemerkt zu werden braucht. Und doch weiß jeder Reiter dann, ob ihn sein Gefühl getäuscht hat oder nicht, ob er eine regelrechte Bewegung mit den Schenkeln machen mußte, weil diese weggestreckt waren, oder ob er mit einer Verstärkung der Fühlung ausgekommen ist. Je häufiger man das kontrolliert, desto mehr bildet sich das Gefühl dafür aus.
Jede nur scheinbar gute Schenkellage ist wertlos, schlecht und steif, wenn sie den Reiter nicht befähigt, richtig und gefühlvoll einzuwirken.

Die Einwirkungen mit dem Gewicht
Der Sitz im Gleichgewicht

Jeder Körper, wie er auch gestaltet sein mag, hat einen Schwerpunkt oder Massenmittelpunkt. Ist der Schwerpunkt unterstützt, befindet sich der Körper im Gleich-

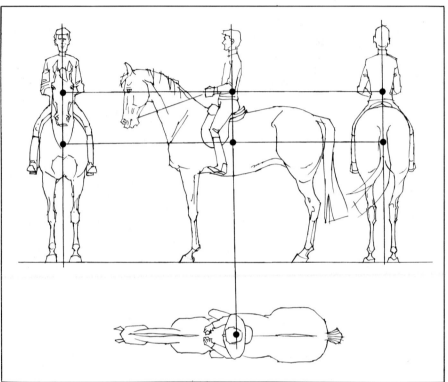

Abb. 15. Der Sitz im Gleichgewicht. Die Schwerpunkte sind mit vollen Kreisen markiert

gewicht. Die Senkrechte durch den Schwerpunkt nennt man Schwerlinie. Jeder Körper hat nur einen Schwerpunkt, und durch ihn kann auch in jedem Augenblick nur eine Senkrechte gedacht werden. Jeder Körper kann an mehreren Stellen unterstützt werden, ein Tisch durch seine vier Beine (wie das Pferd) oder durch drei Beine (wie der Reiter, der auf dem Spalt und den beiden Gesäßknochen sitzt). Ist dabei der Schwerpunkt unterstützt, so befindet sich der Körper im Gleichgewicht; ist er nicht unterstützt, muß er kippen. Ändert ein Körper seine Form (was bei lebenden Wesen durch jede Bewegung verursacht wird), ändert sich die Lage des Schwerpunkts. Bei manchem Körper kann der Schwerpunkt sogar außerhalb der Masse liegen, wie bei Ringen, Hohlkugeln, Schalen oder beim Reiter im Sprung- oder Rennsitz.

Der gerade sitzende Reiter sitzt so, daß sein Schwerpunkt senkrecht über dem Schwerpunkt des Pferdes liegt. Seine Schwerlinie fällt mit der des Pferdes zusammen. Dabei wird vorausgesetzt, daß das Pferd gerade

Tafel 2. Das Weltmeisterpaar Christine Stückelberger (Schweiz) mit Granat in eindrucksvoller Links-Traversale

Wie lernt der Reiter einwirken?

auf allen vier Beinen in normaler Haltung auf horizontaler Grundfläche steht.

Jede Bewegung des Pferdes (Vorstrecken oder Aufrichten von Hals oder Kopf), jedes Seitwärtsbiegen links oder rechts, verschiebt den Schwerpunkt des Pferdes mehr oder weniger. Der Reiter muß seinen Schwerpunkt möglichst immer in Übereinstimmung mit dem des Pferdes bringen oder halten, das heißt er muß balancieren. Das klingt wie graue Theorie und bildet die Grundlage zu allem Gefühl. Darauf beruht alle Harmonie und das, was man *der Reiter sitzt im Gleichgewicht* nennt.

So findet sich das Pferd am besten mit dem Reitergewicht ab, und so kann der Reiter am leichtesten über die Kräfte des Pferdes verfügen. So balanciert der Gepäckträger den Koffer auf seinem Rücken, und so arbeitet der Jongleur, bei dem man die Gesetze der Balance am besten beobachten kann.

Das Gleichgewicht in der Bewegung vorwärts

Bewegt sich das Pferd vorwärts, so wird der Reiter entsprechend der Geschwindigkeit seines Pferdes seinen Schwerpunkt so weit vorverlegen müssen, daß er vor dem des Pferdes liegt; vorausgesetzt, daß er sich nur durch die Balance im Sattel halten will. Man nennt das *Mitgehen* oder *Eingehen in die Bewegung des Pferdes* (s. S. 17). Bleibt der Reiter hinter der Bewegung des Pferdes zurück, so kann er sich nur noch durch Festklammern mitziehen lassen. Zwei Forderungen soll der Reiter daher erfüllen:

a) Seinen Schwerpunkt stets in Übereinstimmung mit dem Schwerpunkt des Pferdes halten;
b) sein Gesäß auf den drei Stützpunkten (die beiden Gesäßknochen und der Spalt) als feste Grundlage für den Sitz placieren.

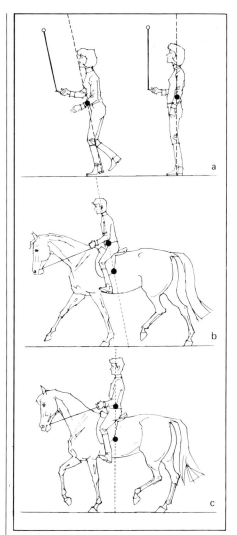

Abb. 16. Schwerpunkte.
a = beim Jongleur. b = Im Vorwärtssitz (Halbsitz), auch Remontesitz genannt. c = Im normalen Sitz (Vollsitz)

Diese beiden Forderungen gehen nicht immer konform. Den Schwerpunkt kann der Reiter in der Vorwärtsbewegung nur vorverlegen durch Vorneigen des Oberkörpers; tut er dies aber, so lüftet er notwendigerweise die beiden Gesäßknochen, sitzt nur noch auf dem Spalt und nimmt vermehrt Stütze in den Bügeln und Oberschenkeln (*Vorwärtssitz, Halbsitz*).

Bei langsamer Bewegung in kurzen Gangarten (Schritt – versammelter Trab – versammelter Galopp) macht sich dieser Gegensatz noch nicht so sehr bemerkbar; fühlbar ist er trotzdem, sonst hätte der Anfänger ja keine Schwierigkeit, *in die Bewegung des Pferdes einzugehen*. Der kritische Augenblick ist immer der des Antretens, wenn der Reiter infolge des Beharrungsmoments hintenüberkippen müßte.

Die Hilfe zum Anreiten (s. S. 91), wie auch jedes Treiben, entspricht deshalb notwendigerweise im wesentlichen mit Kreuzanziehen und Schenkeldruck genau der Methode, durch die der Reiter das *Kleben am Sattel* und das *Eingehen in die Bewegung des Pferdes* erzielt. Der Reiter, der sein Pferd vordrückt, saugt sich gleichsam mit Beinen und Kreuz am Pferd fest, schiebt sein Gesäß und seinen Schwerpunkt nach vorn. Dadurch erreicht er eine feste Verbindung mit dem Pferd, die ihn gleichzeitig auch befähigt, das Klappen mit dem Gesäß wie das Zurückbleiben hinter der Bewegung zu verhindern. Dabei bleibt er aber fest auf den drei Punkten sitzen; er kann jederzeit erneut einwirken, parieren, wenden, treiben usw., bleibt im Sattel auch beim Stolpern und kann beim Stutzen (Scheuen) das Pferd sofort vordrücken – kurz, sein Pferd beherrschen.

Im *Vorwärtssitz* (Halbsitz) entlastet der Reiter den Rücken des Pferdes. Dazu neigt er den Oberkörper leicht nach vorn und gibt den festen Halt mit dem Gesäß auf; er muß, um bei einem Stolpern oder Stutzen des Pferdes nicht aus dem Sattel zu kommen, vermehrt Knieschluß nehmen – was naturgemäß sehr viel anstrengender ist – und sich für jede Einwirkung erst *zurechtsetzen*. Der geübte Reiter kann dieses Zurechtsetzen jederzeit blitzschnell vornehmen, ohne daß das Pferd dabei gestört wird, weil er einmal gelernt hat, in die Bewegung des Pferdes einzugehen. Wer jedoch nie gelernt hat, im Sattel zu *kleben*, wird auch im Vorwärtssitz sein Pferd nie an den Hilfen haben.

Bei schnellerer Fortbewegung aber macht sich der Gegensatz zwischen der Forderung des Sitzes auf den drei Punkten und der Notwendigkeit, den eigenen Schwerpunkt mit dem des Pferdes in Übereinstimmung zu halten, naturgemäß immer stärker bemerkbar. Er führt schließlich dazu, daß der Reiter leichttraben muß, wenn er der Bewegung im Trab nicht mehr folgen kann. Im schnellen Galopp muß er sich daher in die Bewegung hineinneigen. Wird die Bewegung noch schneller, so muß der Reiter den Sitz im Sattel schließlich ganz aufgeben und zum *leichten Sitz* (s. S. 127) übergehen, weil sonst das Mitgehen unmöglich und das Pferd gehemmt wird. Eine feste Sütze findet er dann im Knieschluß, in kurzen Bügeln und mit den Händen am Hals des Pferdes.

So entspricht zum Beispiel der richtige Sitz im Sprung völlig der Forderung der klassischen Reitkunst nach Balance und Harmonie, wie auch der Sitz im Rennsattel hier keine Ausnahme macht.

Einwirkungen mit dem Gewicht,
vorwärts und rückwärts

Übt der Reiter durch Vor- und Zurückneigen seines Oberkörpers eine Einwirkung auf das Pferd aus?

Wie lernt der Reiter einwirken?

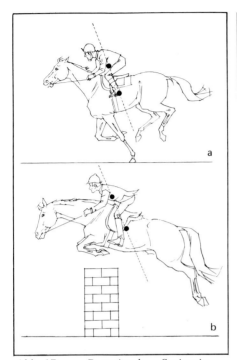

Abb. 17. a = Rennsitz; b = Springsitz

Wenn die Vorwärtsbewegung des Pferdes vom Reiter auch Anpassung an die Bewegung fordert, kann umgekehrt der Reiter durch Verlegung seines Schwerpunktes vor oder zurück keine wesentliche Einwirkung auf das Pferd ausüben.

Dies kommt daher, daß der Reiter beim Vor- oder Zurückneigen des Oberkörpers leicht die feste Grundlage seines Sitzes auf Spalt oder Gesäßknochen aufgibt und unwillkürlich seine Kreuz- und Schenkeleinwirkungen verändert. Eine Veränderung dieser Einwirkungen hat naturgemäß Folgen, und diese täuschen über die Wirkung der Gewichtsverlegung hinweg.

Man könnte glauben, daß ein Vorneigen des Oberkörpers treibend wirkt. Wenn man aber auch bei schnellerer Bewegung gezwungen ist, den Oberkörper vorzunehmen, so kann man doch durch das Vorneigen des Oberkörpers eine schnellere Bewegung nicht hervorrufen.

Ebenso könnte man annehmen, daß ein Zurückneigen des Oberkörpers und damit eine Rückverlegung des Schwerpunktes verhaltend wirkt. Es wirkt aber oft gerade treibend, weil es häufig als Begleiterscheinung des Anspannens der Kreuzmuskulatur auftritt. Ein Zurückneigen des Oberkörpers allein hat keine treibende Wirkung, da es mit dem Anspannen der Kreuzmuskulatur nicht identisch ist.

Das Gleichgewicht in der Bewegung seitwärts

Sobald das Pferd sich rechts oder links biegt, stellt oder wendet, verlegt es seinen Schwerpunkt mehr oder weniger nach dieser Richtung – je nach dem Grad der Biegung. Bei dem Wenden im Gang tritt noch das Hineinlegen in die Bewegung hinzu, um die Wirkung der Zentrifugalkraft aufzuheben. Will der Reiter *im Gleichgewicht bleiben,* so muß er seinen Schwerpunkt auch entsprechend seitlich verlegen. Leichtgemacht wird das dem Reiter dadurch, daß die innere Seite der Rückenmuskulatur des Pferdes, sobald es sich stellt, flacher wird. Schon allein dadurch wird auch der am Sattel klebende Reiter entsprechend nach innen gesetzt. Tritt er dann noch den Absatz der Seite, nach der er das Gewicht verlegen will, herunter, so belastet er den inneren Gesäßknochen mehr als den äußeren. Das Gefühl für diesen Sitz bildet sich schon in den ersten Reitstunden, wenn der Reiter jeweils beim Eckenpassieren fühlt, daß er nach außen herunterrutscht, wenn er sich nicht wie ein Radfahrer in die Bewegung hineinlegt.

Falsch ist es aber, wenn der Reiter glaubt,

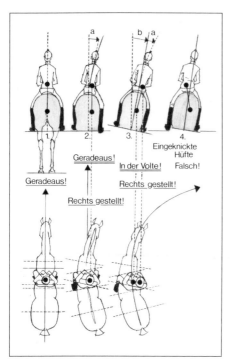

Abb. 18. Der Sitz im Gleichgewicht, Schwerpunktverlegung seitwärts

durch Hinüberneigen des Oberkörpers diese Schwerpunktlage erreichen zu müssen. So wird er fast immer in der Hüfte einknicken und dadurch gerade das entgegengesetzte Resultat erzielen.

Will der Reiter aber in voller Harmonie zum Pferd auch mit Schenkeln und Zügeln die dauernde leichte Fühlung mit dem Pferd behalten, muß er entsprechend der Biegung des Pferdekörpers

mit den Hüften parallel zu den Hüften des Pferdes und

mit den Schultern parallel zu den Schultern des Pferdes bleiben.

Die Schenkel dirigieren die Hinterhand und kommen ganz von allein, wenn sie in inniger Fühlung am Pferdeleib bleiben: der innere an den Gurt, der äußere eine Handbreit hinter den Gurt.

Die Hände des Reiters machen die leichte relative Drehung der Schultern zur Hüftrichtung mit. Dadurch kommt die innere Hand entsprechend der Biegung des Pferdekörpers zurück und die äußere Hand mehr nach vorn. Der Reiter behält dadurch den Pferdehals senkrecht vor sich und scheint bei flüchtigem Hinsehen doch völlig geradeaus zu sitzen.

In der Volte legt sich das Pferd schräg nach innen. Der Schwerpunkt des Reiters darf nicht mehr genau über dem des Pferdes liegen, sondern muß wegen der Zentrifugalkraft nach innen verlegt sein.

Das Vornehmen der äußeren Schulter in der Wendung ist deutlich erkennbar auf Abb. S. 104.

Der Reiter kann sich selbst überzeugen, ob er das *Sitzen im Gleichgewicht* gelernt hat, wenn er in der Wendung die Bügel losläßt und die Unterschenkel vom Pferd entfernt. Gerät er dann ins Rutschen nach außen, so saß er falsch.

Einwirkungen mit dem Gewicht seitwärts

Die Unterstützungsfläche des Pferdes ist von rechts nach links erheblich schmaler als von vorn nach hinten.

Wenn die Schwerlinie des Reiters mit der des Pferdes zusammenfällt, wird das Pferd die kleinste seitliche Abweichung des Schwerpunktes infolgedessen sofort fühlen. Daher kann der Reiter durch Verlegen seines Schwerpunktes das Pferd veranlassen, seinen Schwerpunkt ebenfalls zu verlegen. Dies bezeichnet man als Einwirkung des Gewichts. Auch solche Einwirkungen des Gewichts sind, wenn sie richtig gegeben werden, für ein ungeschultes Auge kaum wahrnehmbar, weil jede Übertreibung auch dabei ein Fehler ist.

Wie lernt der Reiter einwirken? 37

Das Pferd stellt sich stets so, wie sein Reiter gestellt ist. Die Umkehrung dieses Satzes: *Der Reiter muß stets so gestellt sein wie sein Pferd,* ist ja auch maßgebend für Sitz und

Abb. 19. Travers rechts im Trab. Rechts gebogen fußt das Pferd vorwärts-seitwärts, ohne dabei Takt und Schwung zu verlieren. Hervorragende Ausführung dieser Lektion. Reiterin und Pferd im Gleichgewicht; volle Harmonie. Frau Marg. Tengelin (Schweden) auf Red Reve. Vergleiche auch die Abbildungen 67–69 auf den Seiten 116 und 117 bzw. auf der Seite 119

Abb. 20 (unten). Spanische Reitschule Wien. Schulterherein rechts im Trab. Die diagonalen Beinpaare fußen gleichzeitig, der innere (rechte) Hinterfuß tritt auf denselben Hufschlag wie der äußere Vorderfuß. Pferde rechts gebogen

Verhalten des Reiters bei allen Wendungen, Seitengängen, Reiten in Stellung und im Galopp. Erst diese aus der gefühlsmäßigen Übereinstimmung von Reiter und Pferd sich ergebende Wechselwirkung begründet jede Harmonie. Auf ihr beruht zum großen Teil auch die natürliche Hilfengebung und die Möglichkeit, beim Reiten mit so geringem Kraftaufwand auszukommen. Deshalb nimmt auch das dressurmäßige Können eines Reiters im hohen Alter nicht ab, sondern immer noch zu.

Jede Verlegung des Gewichts nach rechts oder links veranlaßt das Pferd, entweder nach dieser Seite von der bisherigen Bewegungsrichtung abzuweichen oder sich nach dieser Seite zu biegen (vergleiche Abb. 20 *Schulterherein*), je nachdem, in welcher Weise gleichzeitig mit Kreuz, Zügeln und Schenkeln eingewirkt wird.

Man kann aber nicht genug betonen: Jede Gewichtsverlagerung ist so gering, daß der im Gleichgewicht sitzende Reiter dem ungeübten Auge fast gerade zu sitzen scheint. Vor jeder Übertreibung muß sich der Reiter hüten; erkennt man eine Gewichtsverlegung deutlich, so hat er meist übertrieben, das heißt schlecht gesessen.

Die Einwirkungen mit den Zügeln

Über die Einwirkungen mit der Hand oder die Zügelführung wird im allgemeinen viel zu oft gesprochen. Fast alle Reiter neigen dazu, zu stark mit den Händen zu arbeiten. Jeder Mensch glaubt, daß er mit den Händen leidlich geschickt sei, weil er mit ihnen im täglichen Leben am meisten anzufangen weiß. Viele können ja nicht einmal reden, ohne ihre Hände zu gebrauchen.

Man hört oft über einen Reiter das Urteil: »Er hat eine gute Hand.« Die Hand eines Reiters kann nur gut sein, wenn sie ruhig steht, und das kann sie nur, wenn der Reiter schmiegsam im Sattel sitzt, am Sattel klebt, also sein Kreuz richtig anzuspannen und in die Bewegung des Pferdes einzugehen versteht, und wenn er außerdem sein Pferd mit den Schenkeln gefühlvoll an die aushaltende Hand richtig herantreibt und richtige Einwirkung hat. Man sollte also lieber das alles bei ihm loben, aber nicht sein Augenmerk in erster Linie auf die Hand richten. Die Einwirkung mit der Hand ist wichtig, aber nicht annähernd so wichtig, wie meist geglaubt wird. Je leichter die Hand des Reiters sich betätigt, desto vollendeter wird geritten. In einer zu kraftvollen Betätigung der Hand liegt eine große Gefahr. Deshalb haben Reiterinnen, die schwächer sind, gewöhnlich eine bessere Hand als ihre männlichen Kollegen, die von ihrer Kraft gern Gebrauch machen.

Willkürlich von seinen Händen Gebrauch machen kann der Reiter nur, wenn die Tätigkeit seiner Hände unabhängig bleibt von den Erschütterungen, denen der Oberkörper durch das Geworfenwerden ausgesetzt ist. Dazu ist erforderlich, daß die Ober- und Unterarme, Muskeln und Gelenke völlig losgelassen sind.

Bevor der Reiter gelernt hat zu balancieren, gibt man ihm am besten die Zügel noch nicht in die Hand und bindet das Pferd aus. Hat er erst gelernt, die Balance zu halten, dann liegt kein Grund mehr für ihn vor, die Arme steif zu machen. Dann schlagen die meisten Reiter aber mit den Armen den Takt, so wie ihr Oberkörper vom Pferde geworfen wird. Die Arme sollen aber nicht unwillkürlich schlenkern, sondern müssen gewissermaßen eine Gegenbewegung machen, um willkürlich still zu stehen, auch wenn der Oberkörper durch das Geworfenwerden sich bewegt, so still, daß das Pferd nicht taktmäßig im Maul gerissen wird, so still, daß im Trab aus einem Glas Wasser nichts verschüttet wird. Das ist kein

Wie lernt der Reiter einwirken?

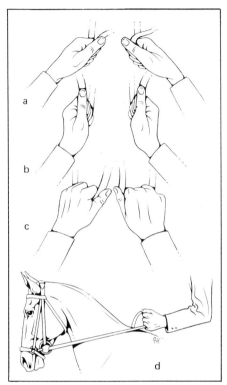

Abb. 21. Handhaltung.
a = *Richtig: Fäuste aufrecht, Handrücken in der Verlängerung der Unterarme.* b = *Falsch: Handgelenke durchgedrückt – steif.* c = *Falsch: »Verdeckte Fäuste« können nicht empfindlich sein und verleiten zum Arbeiten mit den Armen.* d = *Oberarm und Unterarm bilden etwa einen rechten Winkel, Unterarm, Handrücken und anstehender Zügel eine gerade Linie*

Scherz, und jeder Reiter sollte es einmal ausprobieren.
Eine ruhig stehende Hand, während der Körper geworfen wird, erreicht der Reiter nur dann, wenn er sich in Erkenntnis dieser Schwierigkeit Mühe gibt, seine Hände in die Gewalt zu bekommen. Bewußt stillhalten kann man seine Hände am ehesten, wenn man sie beschäftigt. Richtet man sein Augenmerk nur auf das Stillhalten, so fällt man meist in den ersten Fehler zurück, die Arme steif zu machen. Nimmt man senkrecht in jede Hand eine Reitgerte oder ein Stöckchen, so kann man an deren Bewegungen seine Hände kontrollieren. Man bildet so gleichzeitig das Ruhigstehen der Hände aus und das unbedingt notwendige Gefühl hierfür. Von diesem Mittel der Selbstkontrolle der eigenen Hand sollte man auch später häufig Gebrauch machen. Nur selten kann man bei Reitern beobachten, daß ihre Hände wirklich ganz ruhig stehen.

Die Hände sind nicht starr an einen Platz gebunden, sie stehen, wenn keine besondere Veranlassung sie nötigt, diesen Platz zu verlassen, dicht beieinander, vor der Mitte des Leibes (s. Abb. 21), so hoch und so dicht am Leibe, daß sie jederzeit nachgeben, das heißt vorgehen können, ohne daß der Reiter gezwungen ist, seinen Sitz zu verändern.

Die Unterarme bilden mit den Oberarmen etwa einen rechten Winkel, damit man durch Ausstrecken der Arme die Zügel nachgeben kann. Die Oberarme hängen zwanglos herab; sie dürfen nicht weggespreizt, dürfen aber auch nicht am Leib angeklemmt sein. Die Ellbogen sollen also nicht am Leib liegen, weil dadurch eine steife, gezwungene Haltung entsteht. Die Höhe der Hand hängt ab von der Höhe des Pferdemaules. Unterarm und der anstehende Zügel sollten – von der Seite gesehen – eine gerade Linie bilden.

Die Hüften des Reiters suchen mit den Unterarmen Fühlung zu halten. Dadurch entsteht, wie man in der Reitersprache sagt, *ein geschlossener Sitz*. Um diesen zu erreichen, sollen aber nicht die Arme rückwärts an den Leib genommen werden, sondern umgekehrt: der Leib an die Unterarme. Das geschieht dadurch, daß das Pferd an die Zügel herangetrieben und der Körper des Reiters durch die Einwirkung des Treibens an die Unterarme gewissermaßen *herangeritten* wird.

Jede Einwirkung mit den Zügeln kann nur dann gefühlvoll gegeben werden, wenn vorher eine weiche Verbindung zwischen Faust und Pferdemaul bestanden hat. Wenn die Zügel herabhängen, kann man nicht plötzlich gefühlvoll mit ihnen einzuwirken beginnen, sondern wird sein Pferd möglicherweise zunächst nur im Maul reißen.

Zu jeder Zügeleinwirkung gehört als erstes, das Pferd an die Hilfen zu stellen, das heißt heranzureiten, also zunächst nicht die Zügel, sondern Kreuz und Schenkel zu betätigen (siehe Abschnitt »An die Hilfen stellen«, S. 56).

Die Einwirkungen mit den Zügeln bestehen in:
1. Nachgeben beiderseits oder auch nur einseitig, indem man die Hände entsprechend dreht oder eventuell mit beiden Händen und dem ganzen Arm vorgeht.
2. Annehmen beiderseits oder auch nur einseitig, indem man die Zügel durch Drehung der Fäuste (Einschrauben) verkürzt, und zwar um Millimeter, höchstens um Zentimeter. Man darf aber niemals dazu den ganzen Arm bewegen und am Zügel ziehen, weil das Pferd stärker ist und im Ziehkampf immer Sieger bleibt.
3. Passivem Aushalten oder Durchhalten beiderseits oder auch einseitig, indem die Fäuste stehenbleiben.

Wollte man die Zügelführung für sich allein ausprobieren, so würde:

1. Beim Nachgeben der Fehler entstehen, daß die Zügel herabhängen. Das dürfen sie aber nicht, und nur die treibenden Einwirkungen können dies verhindern;
2. beim Annehmen der Fehler entstehen, daß man an den Zügeln zieht. Das darf man aber auch nicht, und auch dies können nur die treibenden Einwirkungen verhindern;
3. beim passiven Aushalten sich nichts ereignen. Gerade das passive Aushalten ist aber das Schwerste und auch das Wichtigste: Mit einem oder beiden Zügeln passiv zu bleiben, während man mit Kreuz und Schenkeln treibt.

Die Zügelführung läßt sich daher nur auf dem Pferd erlernen, das gleichzeitig auf Zügel, Kreuz- und Schenkeleinwirkungen reagiert.

a) Gleichseitige Zügeleinwirkungen, das heißt Nachgeben, Annehmen oder Aushalten mit beiden Zügeln gleichzeitig, lernt man beim Anreiten, Antraben und bei Paraden (siehe Lektionen S. 90). Die schwerste Probe auf den schlimmsten Fehler, das Ziehen am Zügel, ist die Lektion *Rückwärtsrichten* (s. S. 93 ff.).

b) Einseitige Zügeleinwirkungen, das heißt unterschiedliche Einwirkungen mit dem rechten und dem linken Zügel (mit dem einen annehmen, mit dem anderen passiv bleiben; oder mit dem einen passiv bleiben, mit dem anderen nachgeben), lernt man am ehesten bei den Wendungen im Halten, der Vorhandwendung und der Hinterhandwendung. Diese Lektionen, vor allem die Hinterhandwendung, haben deshalb für die Ausbildung des Gefühls und die Erlernung des Reitens ausschlaggebende Bedeutung; nicht, um eine Hinterhandwendung auszuführen, wohl aber, um sein Gefühl dafür auszu-

Wie lernt der Reiter einwirken?

bilden, in welcher Weise die verschiedenen Einwirkungen zusammenhängen müssen und wie sich ihr Zusammenklang beim Pferd auswirkt.

Einseitige, das heißt unterschiedliche Zügeleinwirkungen werden benötigt beim Reiten in Stellung, bei jeder Wendung und beim Galoppieren. Will der Reiter solche Lektionen in der Bewegung vorwärts aber richtig ausführen, so muß er sich erst im Halten einen Begriff von den Folgen seiner Einwirkungen verschafft haben.

Die Bewegung der Fäuste, um einzuwirken, sind abhängig von der Zäumung und der Zügelführung.

Bei Kandarenzäumung ist die Führung mit geteilten Zügeln (2 : 2) am leichtesten zu erlernen. Die Zügel sollen hierbei so aufgenommen sein, daß zunächst immer die weichere Trense zur Wirkung kommt und die schärfere Kandare erst in zweiter Linie. Diese Zügelführung hat den Vorteil, daß beim Umstellen des Pferdes (siehe Wendungen im Gang, S. 103) der Reiter die Zügel nicht neu zu ordnen braucht, damit der äußere Kandarenzügel nicht klemmt. Auch ist diese Art der Führung beim Geländereiten und Springen zweckmäßig, da der Reiter mit beiden Händen entlang des Pferdehalses – je nach dessen Dehnung – nachgeben kann, ohne die Zügel zu verlieren.

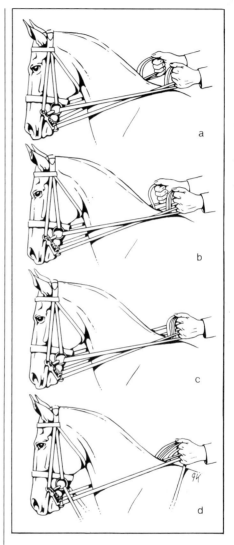

Abb. 22. Die häufigsten Arten der Zügelführung bei Zäumung auf Kandare.
a = Geteilte Zügel: Geeignete Führung für Anfänger; fälschlich oft angewandt, um das Pferd beizuzäumen; erforderlich beim Springen und in schwierigem Gelände. b = Angefaßte Trense: Grundhaltung; linke Hand genau vor der Mitte des Leibes; rechte Hand dicht daneben vor der rechten Hüfte. Da die linke Hand drei und die rechte Hand einen Zügel hält, nennt man diese Art auch Führung 3 : 1. c = Zügel in einer Hand: vor der Mitte des Leibes; wird auch als durchgezogene Trense bezeichnet. d = Blanke Kandare: verlangt ein durchlässiges »sich selbsttragendes« Pferd und eine gefühlvolle Hand

Abb. 23. Zäumung auf Trense: Hannoversches Reithalfter

Abb. 24. Zäumung auf Trense: Kombiniertes Reithalfter

Verwerflich jedoch ist – was man leider häufig sieht –, wenn der Reiter kraft der stark wirkenden Kandare seinem Pferde eine *Haltung abringen* will.

Die Führung 3 : 1 erfordert eine erheblich längere Ausbildung und mehr Übung. Da die linke Hand von der Mitte des Leibes, die rechte Hand vor der rechten Hüfte stehen soll, ergibt sich eine unsymmetrische Haltung. Hält man aber beide Hände gleichmäßig vor dem Leib, so wirkt die Kandare schief. Das ist naturgemäß Anlaß zu unendlichen Fehlern.

Von Vorteil bei der Führung 3 : 1 ist die Verfeinerung der Zügeleinwirkungen, weil der Reiter veranlaßt wird, sich hauptsächlich auf die Führung mit der linken Hand einzustellen. Die linke Hand ist allgemein die schwächere, und auch das Reiten mit nur einer Hand statt mit beiden Händen führt zu einer geringeren Kraftentfaltung, also zu größerer Feinheit. Ebenso ist der Übergang zur Führung mit einer Hand leichter.

Wer die 3 : 1-Zügelführung gewöhnt ist, hat beim Ausprobieren der Fillis-Zügelführung Schwierigkeiten, weil die Bewegungen der Fäuste entsprechend der anderen Lage von Trense und Kandare in der Hand ganz anders geartet sein müssen. Jede Drehung der Faust in der Richtung, daß die kleinen Finger zur Brust hin steigen, hätte eine starke Wirkung der jetzt untenliegenden Kandare zur Folge. Diese Bewegung müßte sich der Reiter zunächst abgewöhnen, wenn er das kann. Weil er dazu aber nicht mehr in der Lage sein wird, wenn er die andere Zügelführung gewöhnt ist, führte diese Zügelführung dazu, daß er mit der Faust zu hart ist.

Bei Dressurprüfungen wird heute vorwiegend mit geteilten Zügeln (2 : 2) geritten. Beim Reitunterricht an Anfänger sollte zunächst auf Trense und erst, wenn einige Übung erreicht ist, auf Kandare gelehrt werden.

Wie lernt der Reiter einwirken?

Abb. 25. *Zäumung auf Trense: Englisches Reithalfter*

Abb. 26. *Zäumung auf Kandare*

a) Reiten auf Trense ist insofern zunächst leichter, als die Zügelführung einfacher und daher schneller verständlich ist.
b) Reiten auf Kandare hat den Vorteil, daß die Pferde meist angenehmer gehen, sich leichter zäumen (als ob sie ausgebunden wären) und deshalb weniger werfen.

Das, was an der Zügelführung am schwersten zu lernen ist, ist der Umstand, daß die Einwirkungen mit den Zügeln nur mit ganz geringem Nachdruck gegeben werden dürfen und nie für sich allein. Kreuz-, Schenkel- und Gewichtseinwirkungen gebührt stets der Vorrang, weil jede Bewegung sich aus dem *Vorwärts,* aus dem Treiben, ergibt, ebenso wie zum Flugzeug Motor und Propeller gehören.

Man kann mit der Kandare dem Pferd mehr weh tun als mit der Trense, weil sie als Hebel wirkt. Zum Zureiten junger Pferde, zum Korrigieren von verrittenen Pferden, zum *An-die-Hilfen-Stellen* nimmt man deshalb zweckmäßig die einfache Trense. Man kann auch, wenn das Pferd auf Kandare gezäumt ist, die Kandarenzügel ausschalten, indem man sie herabhängen läßt. Das tut man auch, wenn das Pferd bockt, scheut, sich weigert zu springen und dergleichen. Die Trense nimmt das Pferd, weil sie weicher wirkt, schneller mit Vertrauen an. Zur Vervollkommnung der Dressurarbeit ist die Kandare allerdings unerläßlich. Die Zügelführung muß bei jedem Reiter, ebenso wie die Tätigkeit der Schenkel, zur Reflexbewegung werden, deren Ausführung keiner Überlegung mehr bedarf.

Die Bewegungen der Zügelfäuste, um einzuwirken, bestehen jederzeit in nur ganz geringfügigen Drehungen, über die jeder Reitlehrer im allgemeinen schon meist zu viel redet – jede Hilfe, auch die Hilfe zur Wendung, ergibt sich in erster Linie aus dem Sitz. Jede Drehung der Zügelfäuste, um einen Zügel nachzugeben oder vermehrt fühlen zu lassen, ist gering und durch

Ausprobieren leicht zu lernen. Falsch ist es, solche Hilfe wie das Wenden allein oder im wesentlichen nur mit den Zügeln ausführen zu wollen – zu *kutschieren*. Das ist so fehlerhaft, daß wir diese Bewegungen der Zügelfäuste nicht beschreiben, um dadurch die geringe Bedeutung zu betonen.

Das Ausprobieren der Zügeleinwirkungen, wenn der Reitschüler auf einer Tonne sitzt, ist deshalb wertlos und sogar fehlerhaft, weil der junge Reiter dadurch veranlaßt wird, die Einwirkungen mit der Hand ohne Zusammenhang mit Einwirkung von Kreuz und Schenkel zu üben. Selbst wenn ihm gesagt wird, daß ein Zusammenhang bestehen sollte, gewöhnt man ihm künstlich an, was er nicht tun soll. Ausprobieren und Üben ist immer von nachhaltigerer Wirkung als Hören.

Die Einwirkungen mit dem Kreuz

Einwirken mit dem Kreuz kann der Reiter nur im Zusammenhang mit den Schenkeln, wie er (s. Abb. S. 22) beim Anspannen des Kreuzes ein Kippen des Hockers nur dann bewirken kann, wenn er die Füße auf die Erde setzt. Sobald er auf dem Hocker die Füße hochzieht oder beim Reiten die Schenkel vom Pferd wegstreckt, kann er keine Einwirkung ausüben. Die Betätigung der Muskulatur zum Kreuzanziehen ist im besonderen Kapitel auf Seite 19 behandelt. Schwierig ist am Kreuzanziehen nicht die Bewegung als solche, wohl aber das Begreiflichmachen dessen, was gemeint ist, und die augenfällige Darstellung.

Die Kreuzeinwirkung zieht sich wie ein roter Faden durch die ganze Reitlehre. Immer bildet das Kreuz die Verbindung, die Brücke zwischen Schenkeln und Zügeln. Die von Schenkeln und Zügeln ausgehenden Einwirkungen stehen nur dann in Übereinstimmung, wenn durch gleichzeitige Kreuzeinwirkung ein unmittelbarer Zusammenhang zwischen ihnen hergestellt wird. Das Kreuz gibt gleichsam den Takt, das Kommando zur Hilfe an; so, als ob man damit sagen wollte: *jetzt!* Keine der Einwirkungen darf fehlen oder zu spät einsetzen; das Pferd würde sonst die Hilfe nicht verstehen. Die Einwirkungen mit dem Kreuz lassen sich deshalb auch nicht für sich allein ausprobieren.

Spannt der Reiter auf einem gutgerittenen Pferd bei anliegenden Schenkeln sein Kreuz an und gibt gleichzeitig mit den Zügeln:

nach – so geht das Pferd vorwärts,
nicht nach – so pariert das Pferd.

Der Unterschied in der Wirkung ist also nicht vom Kreuz, sondern allein von den Zügeln abhängig. Die Tätigkeit des Kreuzes ist in beiden Fällen die gleiche. Bei einem weniger gutgerittenen Pferd bedarf es noch eines Druckes beider Schenkel, der aber gleichzeitig mit der Wirkung des Kreuzes und der Tätigkeit der Hände einsetzen muß.

Spannt der Reiter zum Anreiten oder Parieren das Kreuz nicht an, so bedarf er beim Vorwärtsreiten eines stärkeren Drucks der Schenkel, beim Parieren eines stärkeren Drucks der Zügel, die Hilfen werden also gröber. Die Pferde lassen sich grobe Hilfen, je feinfühliger sie sind, desto weniger gern gefallen. Nervöse und ängstliche Pferde, hochgezüchtete Vollblüter streiken leicht.

Abb. 27 (rechts oben). Losgelassenes Kreuz im Arbeitstrab. Felix Bürkner auf Bober

Abb. 28 (rechts unten). Angespanntes Kreuz beim Übergang zum Mitteltrab. »Geschlossener Sitz«. Adj. Patrick Le Rolland (Frankreich) auf Cramique 1973 in Aachen

Wie lernt der Reiter einwirken?

Abb. 29. Stärker angespanntes Kreuz in der ganzen Parade aus dem Mitteltrab zum Halten. Felix Bürkner auf Rosenkelch

Die Einwirkung mit dem Kreuz bekommt also, je feiner und fortgeschrittener die Reiterei sein soll, eine um so größere Bedeutung. Auch beim Korrigieren verrittener Pferde, vor allem solcher Pferde, die einen schlechten Rücken haben, ist die Beherrschung der Kreuzeinwirkung von ausschlaggebender Bedeutung. Viele Pferde erscheinen nur deshalb als unrittig, weil der Reiter die Kreuzeinwirkung nicht beherrscht.

Wir sprechen deshalb, weil zwischen Kreuz, Schenkel und Zügel immer eine Übereinstimmung bestehen sollte, nie von Zügelhilfen oder Schenkelhilfen, sondern bezeichnen diese Tätigkeit mit Zügel oder Schenkel immer als Einwirkung, und aus dem Zusammenklang der Einwirkungen ergeben sich erst die Hilfen.

Deshalb lehnen wir, weil der Zusammenhang der Einwirkungen für den Reiter so wichtig ist, die Einübung der Zügeleinwirkungen auf der Tonne als unzweckmäßig ab.

Jede Hilfe ist für das Pferd nur dann als Hilfe verständlich und kann nur dann eine in voller Harmonie sich vollziehende Wirkung haben, wenn sie auch in voller Harmonie mit dem Pferd gegeben wird. Das erscheint selbstverständlich, bedarf aber deshalb einer besonderen Betonung, weil Reiter und Pferd sich im Augenblick der Hilfengebung meist in Bewegung befinden und der Reiter dabei geworfen wird. Die Hilfe kann nur dann in voller Harmonie gegeben werden, wenn die beiden Lebewesen, Mensch und Pferd, im Augenblick der Hilfengebung sich in übereinstimmender Schwingung befinden, das heißt wenn der Reiter am Sattel klebt.* Bleibt der Reiter aber im Augenblick der Hilfengebung hinter der Bewegung zurück, kann eine völlig harmonische, wohlabgemessene Hilfe unmöglich zustandekommen, muß jede Einwirkung mit einem mehr oder weniger starken, unwillkürlichen Reißen oder Stoßen verbunden sein. Die Harmonie, das Kleben am Sattel, das Mitgehen und Mitschwingen wird durch das Kreuzanziehen erreicht.

Jeder Reiter, der die Kreuzeinwirkung noch nicht beherrscht oder trotz langjähriger Praxis nicht an ihre Wirkung glaubt, sollte die Übungen, die auf Seite 22 unten angegeben sind, auf einem wirklich *gutgerittenen* Pferd versuchen; nur so kann er sein Gefühl und seine Einwirkung verbessern.

Beim Reiten in Stellung, bei jeder Wendung im Gange und beim Galoppieren muß der Reiter den inneren Gesäßknochen und die innere Hüfte vordrücken. Das ist leicht gesagt, aber dem Reiter ist mit dem Zuruf »innere Hüfte vor!« nur dann gedient, wenn er genau weiß, was der Reitlehrer mit dem Zuruf will, und wenn er die Ausführung ausprobiert hat, sonst würde die Folge des Zurufs nur sein, daß er sich steif macht. Über diese Übungen wurde auf Seite 23 gesprochen. Spannt der Reiter sein Kreuz nur einseitig an, das heißt drückt er nur den einen Gesäßknochen mit der gleichseitigen Hüfte vor, so genügt dies bei vollendeter Harmonie zwischen Reiter und Pferd in Verbindung mit unmerklicher Gewichtsverlegung, um das Pferd zum Gehen in Stellung, zu Wendungen, zum Angaloppieren oder zu Galoppchangements zu veranlassen.

* Auch der perfekte Kellner muß das Servieren im fahrenden Speisewagen erst noch besonders lernen. Hat er kein Gefühl für das Balancieren und Mitgehen mit der Bewegung des Eisenbahnzuges, gießt er den Gästen die Saucen über den Rock. – Wenn der Bus unversehens anfährt, kippt der überraschte Fahrgast hintenüber und wird in solchem Augenblick kaum in der Lage sein, sich richtig eine Zigarre anzuzünden.

Es ist wichtig und notwendig, daß der Reiter die Kreuzeinwirkung sehr frühzeitig kennenlernt, damit er sich nicht erst falsche Hilfengebung angewöhnt, die er sich später nur mühsam oder nie abgewöhnen kann. Jedes Kind lernt beim Schaukeln spielend, sich der Kreuzeinwirkung zu bedienen. Weshalb sollte sich der Reiter dieser Einwirkungsmöglichkeit, die er von Kindheit her kennt, nicht bedienen können! Schon in den allerersten Reitstunden wird er sofort besseres Verständnis für das richtige Zurechtsetzen gewinnen und wissen, was sein Reitlehrer will, wenn ihm gesagt wird, daß das Gesäß mehr nach vorn im Sattel placiert werden muß. »Sie müssen den Sattel von hinten nach vorn mit dem Gesäß auswischen!« (ein herrlicher Gedanke!) »Oberkörper zurück! Brust heraus!« Der Reitlehrer braucht, um sich verständlich zu machen, nicht vergeblich zu falschen Korrekturen zu greifen, die doch nur ähnliche, nicht die wirklich gewollte Verbesserung bringen: »Stellen Sie sich vor, Sie wollen sich anlehnen, als hätte der Sattel eine Stuhllehne hinter sich!« Der Reiter soll gewiß nicht vornübergebeugt sitzen – er vermeidet dies richtig nur, wenn er das *Kreuzanspannen* lernt, nicht wenn er das Kommando »Oberkörper zurück, Brust heraus« ausführt. Jene Korrektur hilft ihm weiter, diese macht ihn steif.

Wie lernt der Reiter sein Pferd zu fördern?

Wer sein Pferd fördern will, muß neben dem »Handwerklichen« auch die geistige Bereitschaft aufbringen, sein Wissen um das Pferd zu vervollkommnen. Er wird sich zu interessieren haben für die Besonderheiten seines Gebäudes, seiner Bewegungen, seiner Leistungsfähigkeit, seines Charakters und seines Temperaments. Er wird jede Gelegenheit wahrnehmen, um ältere

Reiter nach ihrer Erfahrung zu fragen und durch Beobachten anderer Reiter und Pferde seinen Blick zu schulen. Er wird Angebote, andere Pferde zu reiten, dankbar annehmen; denn jedes Pferd stellt infolge seiner körperlichen und temperamentsmäßigen Veranlagung den Reiter vor neue Aufgaben und verschafft ihm neue Erfahrungen. Das Pferd ist immer der beste Lehrmeister und je mehr Pferde man reitet, um so mehr bildet sich das Gefühl für die Harmonie zwischen Reiter und Pferd. Eine eindringliche Warnung sei aber hier gegeben:

Jeder Reiter, der ein Pferd fördern will, muß über eine gewisse menschliche Reife verfügen, um systematisch und pädagogisch richtig vorzugehen. Bei aller Konsequenz muß er Geduld haben und sich vor allem nicht zu ungerechtfertigten Strafen hinreißen lassen. Pueri puerilia tractant (Knaben treiben Knabenhaftes), das sollte auch der Reiter seinem jungen Pferd einräumen, anderenfalls er bald aus ihm eine tote »Maschine« gemacht hat. Bei einer Maschine können verschlissene Teile durch neue ersetzt werden. Schäden an Sehnen und Gelenken, an Nerven und Herz eines Pferdes sind nicht wieder gutzumachen.

Pferde erreichen ihre volle Körpergröße oft schon mit drei Jahren*; Gelenke, Muskeln und Sehnen sind jedoch gerade genügend gekräftigt, um das Eigengewicht zu tragen. Kommt das Gewicht des Reiters dazu, hat das junge Pferd Schwierigkeiten. In den meisten Fällen finden sich Pferde hiermit bald ab. Der Reiter kommt dann in Versuchung – besonders bei einem gutwilligen Pferd – Lektionen zu üben, die es zwar mehr oder weniger schlecht ausführt, denen es aber körperlich noch nicht gewachsen ist.

* Wallache wachsen noch bis zu sechs Jahren.

Ein durchschnittliches Pferd hat z. B. x-tausend Sprünge »drin«, das heißt Sprünge, die auf die Beine gehen. Wie viele Pferde werden bereits in jungen Jahren über hohe Sprünge gefordert, und wie viele haben dabei Schaden genommen für ihr ganzes Leben! Sieht man doch heute viele sechs- und siebenjährige Pferde, die bereits »ihr Soll erfüllt« haben. Sie sind auf den Beinen müde und wollen vom Springsport nichts mehr wissen, ehe sie vom Alter her überhaupt die volle Leistungsfähigkeit erreicht haben. Bedauernswerte Kreaturen, noch vor der Blüte ihrer Jahre dem Ehrgeiz und der Eitelkeit des Homo sapiens zum Opfer gebracht!

Der Kavalier – und das will jeder Reiter sein – spürt die Verantwortung für die Kreatur und wird beim Fördern seines Pferdes eine »Aufbau«-Arbeit leisten; er wird durch sachgemäße Dressurarbeit erst ein Fundament bauen und darauf systematisch einen Stein zum anderen fügen, um etwas Solides zu schaffen, das von Dauer ist. Er wird sich stets der freiwilligen Mitarbeit seines Pferdes vergewissern und jede Überanstrengung vermeiden. Bei einer solchen Ausbildung kräftigen sich Muskeln, Sehnen und Gelenke und werden die Nerven geschont. Schwierige Lektionen und höhere Sprünge fallen dem Reiter als Erfolg seiner Arbeit dann nach und nach als reife Früchte in den Schoß, da das Pferd sowohl körperlich als auch geistig dafür vorbereitet ist.

Ein so ausgebildetes Pferd wird seinem Reiter viele Jahre hindurch Freude machen.

Tafel 3. Zwei Springreiter von Weltklasse:
Oben = Eddy Macken (Irland). Unten = Nelson Pessoa (Brasilien). Springderby Hamburg-Klein Flottbeck 1978

Die Ausbildung des Pferdes

Das Verhalten des Pferdes

Das Pferd ist sehr gutmütig, zutraulich und viel feinfühliger, als man gemeinhin annimmt. Es ist für Liebkosungen sehr empfänglich und hat neben einem fabelhaften Gedächtnis einen außerordentlich scharf ausgeprägten Ortssinn. Es nimmt sehr schnell Gewohnheiten an, an denen es starr festhält. Dagegen ist es sonst sehr viel dümmer und ungelehriger als der Hund, furchtsam und durch rauhe Behandlung und Strafen sehr schnell verängstigt.

Alle diese Eigenschaften, die naturgemäß bei jedem Pferde verschieden entwickelt sind, zu kennen und richtig einzuschätzen, ist unerläßlich für den Reiter. An die Gutmütigkeit, an das Gedächtnis und an die Eigenart, Gewohnheiten anzunehmen und an ihnen festzuhalten, soll man sich beim Umgang mit Pferden in erster Linie wenden. Man muß sich dabei stets vor Augen halten, daß das Pferd sehr feinfühlig ist, daß es ein lebendes Tier mit eigenem Verhalten ist, das nicht wie eine tote Maschine behandelt werden darf.

Jede beim Reiten auftretende Schwierigkeit hat ihren besonderen Grund; es können aber auch gleiche Erscheinungen auf ganz verschiedenen Ursachen beruhen. Erkennt man dieses nicht richtig – in dem richtigen Erkennen liegt die Schwierigkeit –, so wird der Reiter nicht in der Lage sein, Fehler zu verhindern. Das Pferd erschrickt leicht und gerät in Furcht, oft schneller als der Mensch. Meist entstehen Scheuen, Stutzen, Seitensprünge, Schlagen, Steigen, aber auch schon viel geringfügigere Äußerungen, wie falsche, gespannte und übereilte Tritte, Kopf- und Schweifschlagen, Verkrampfen einzelner Muskelgruppen, Wegdrücken des Rückens, lediglich aus Regungen der Angst. Man muß wie ein gütiger Pädagoge stets das Temperament, aber auch das sehr niedrige Begriffsvermögen des Pferdes berücksichtigen und Schwierigkeiten nicht auf vermeintliche Widersetzlichkeit zurückführen (*das Aas will nicht*), sondern den Fehler zunächst immer bei sich selbst suchen. Mit Überlegung und Ruhe, ohne Ungeduld, kommt man meist weiter als mit Strafen, deren Grund oder Veranlassung das Pferd oft nicht versteht und auch nicht verstehen kann und durch die es nur noch ängstlicher wird.

Reiten verlangt vom Reiter, daß er sich ständig in das Verhalten seines Pferdes hineindenkt. Nur vom Standpunkt des Pferdes aus kann man verstehen, ob dieses die Hilfen und Einwirkungen begreifen kann, mit denen man es lenken will.

So muß man auch den Herdentrieb des Pferdes stets in Betracht ziehen und berücksichtigen, sonst führt diese natürliche Veranlagung zu Schwierigkeiten und sogenannten *Ungezogenheiten*. Das Pferd hat nun einmal den Drang zu anderen Pferden hin und geht lieber in Gesellschaft. Wer reitet, muß darauf achten und damit rechnen. Man kann den Herdentrieb auch ausnutzen als Hilfsmittel für die Dressur. Beim Einspringen wird man zum Beispiel gut tun, es immer so einzurichten, daß das Pferd auf der anderen Seite des Hindernisses ein oder mehrere andere Pferde sieht, oder man wird sich von einem anderen Pferd über das Hindernis führen lassen. In Gesellschaft, wie auf der Jagd, springt das Pferd lieber als allein.

Ängstliche, scheue Pferde gehen an furchterregenden Gegenständen viel leichter vorbei oder an diese heran, wenn sie in Gesellschaft sind. Scheut ein Pferd im Gelände, beispielsweise vor einer Baumaschine oder einem Lastwagen, so gewöhnt es sich am schnellsten, wenn es durch ein anderes Pferd an ihnen vorbeigeführt wird. Der gewandte Reiter schließt sich bei solcher Gelegenheit an andere an und versucht dasselbe dann noch einmal allein. Die begleitenden Reiter sollten dann rücksichtsvoll sein und warten. Man sollte dies aber eigentlich nicht als *gewandt*, sondern als *psychologisch notwendig* und *richtig* bezeichnen. Der Wunsch des Reiters, seinen Willen gegen das Angstgefühl des Pferdes durchzusetzen, ist vom psychologischen Standpunkt aus Unsinn. Er kann dieses nur durch grobe Hilfen tun, die das Pferd dann mehr fürchtet als den furchterregenden Gegenstand. Auf diese Weise verängstigt man Pferde nur noch mehr und verstößt gegen die elementaren psychologischen und pädagogischen Grundsätze. Das Pferd wird so nie seine Angst verlieren; es wird im Gegenteil künftig schon von weitem beim Anblick des betreffenden Gegenstandes sich an die kürzlich dort erhaltene Strafe erinnern, sich steif machen und versuchen, auszuweichen oder kehrtzumachen.

Das Pferd hat ein ausgezeichnetes Gedächtnis, besonders für einmal empfundenen Schmerz. Wurde es einmal von einem Auto angefahren oder stürzte es bei einem Turnier schwer an einer Mauer, so vergißt es dieses oft das ganze Leben nicht. Nur ein sehr gefühlvoller und geduldiger *Pädagoge* kann hier das Selbstvertrauen des Tieres wieder herstellen.

Man sollte sich darüber klar sein, daß häufiges Halten in der gedeckten Bahn an der Eingangstür das Pferd zum Kleben an der Tür und zum Drängeln nach dem Stall verführt. Ebenso bringt man seinem Pferd das Drängeln nach dem Stalle bei, wenn man im Gelände beim Umkehren nach Hause zu, und wenn man in die Nähe des Stalles kommt, ihm immer die Zügel hingibt und das Pferd sich selbst überläßt, so daß es sich den Weg in den Stall allein sucht. Das Pferd gewöhnt sich daran, und man hat, wenn man die Zügel aufnimmt, und nicht zum Stall, sondern weiterreiten will, Schwierigkeiten, es wieder vom Stall wegzubringen. Schuld ist dann aber nicht die Ungezogenheit des Pferdes, sondern der Reiter, der sich auf das Pferd nicht eingestellt hat.

Der Zweck der Ausbildung des Pferdes

Der Zweck der Ausbildung des Pferdes besteht darin, den Reiter mit möglichst geringem Kraftaufwand für sich und mit möglichst großer Schonung für das Pferd überall dorthin gelangen zu lassen, wohin er will. Die Ausbildung, die man, um das zu erreichen, dem Pferd gibt, nennt man Dressur. Sie umfaßt die gymnastische Durchbildung des Pferdes zur größten Leistungsfä-

Der Zweck der Ausbildung des Pferdes

higkeit (Training) und die Erziehung zum Gehorsam.

So einfach und allgemeingültig der Zweck aller Dressur damit angegeben ist, so unterschiedlich sind doch in der Praxis die Ziele, welche die Reiter erreichen wollen, und die Anforderungen, die sie an das Pferd zu stellen beabsichtigen. Verschiedene Ziele kann man aber nicht auf gleichem Wege erreichen; daraus ergibt sich von selbst, daß nicht stets der gleiche Ausbildungsgang gewählt werden kann.

Oft werden aber voneinander abweichende Wege als verschiedene Methoden bezeichnet, obwohl sich bei genauerer Überlegung herausstellt, daß sie auf der gleichen Grundanschauung beruhen und einander ergänzen, aber nicht widersprechen. Dies muß erläutert werden, weil sich häufig Schwierigkeiten, Zweifel und Irrtümer ergeben, wenn man das Ziel außer acht läßt, das der Reiter verfolgt.

a) Der Dressurreiter, der sich zum Ziel setzt, in Dressurprüfungen bis zur schwersten Klasse erfolgreich zu sein, benötigt ein elegantes Pferd von bestem Material, edlem Ausdruck und hervorragenden natürlichen Bewegungen. Härte, Ausdauer und Springvermögen spielen hierbei eine untergeordnete Rolle. Auf Dressurprüfungen wird er das junge Pferd zunächst in Material*- und Eignungsprüfungen herausbringen und bei fortschreitendem Ausbildungsgrad sich an den Dressurprüfungen der jeweiligen Klasse beteiligen.

---

* Bei Materialprüfungen ist für die Beurteilung lediglich das Pferdematerial, ohne Rücksicht auf seine bereits vorgenommene Ausbildung, maßgebend. Da jedoch neben Gebäude und Temperament vor allem auch das Gangwerk für die Beurteilung eine Rolle spielt, wird sich ein dressurmäßig richtig angerittenes Pferd stets besser präsentieren als ein rohes oder schlecht vorgestelltes Pferd.

b) Der Springreiter benötigt das bestspringende Pferd. Er kann bei seiner Auswahl auf Eleganz und überdurchschnittliche Bewegungen verzichten und kleinere Gebäudefehler in Kauf nehmen. Höchstleistungen werden nur Pferde hervorbringen, denen Springvermögen angeboren ist und deren Anlagen durch ein Spezialtraining zur höchsten Entwicklungsmöglichkeit gesteigert worden sind. Das Pferd muß aber daneben gehorsam sein, um bei schwierigen Parcours schnell wenden zu können, und deshalb durch Dressurarbeit auch *an den Hilfen stehen*. Das letztere wird oft nicht genügend beachtet.

c) Der Vielseitigkeitsreiter wählt ein Pferd, das weitgehend die guten Eigenschaften des Dressurpferdes und des Springpferdes in sich vereinigt. Besonderen Wert wird er auf Galoppiervermögen, Härte und Ausdauer legen. Das höchste Ziel seiner Ausbildung ist die sogenannte Military (*die »Krone der Reiterei«*), die auch zu den reiterlichen Disziplinen der Olympischen Spiele gehört.

d) Der Spazierreiter will sich in allen Gangarten bequem bewegen, das Pferd soll sich leicht wenden und durchparieren lassen und kurz galoppieren können. Er benötigt daher ein Pferd, dessen Gehorsam feiner durchgebildet ist, das aber weniger leistungsfähig und ausdauernd zu sein braucht. Daneben ist es diesem Reiter wichtig, ein gutes Bild zu machen, das Pferd soll sich statiös tragen, muß also gut geritten sein.

e) Beim Jagdreiten kommt es auf Galoppiervermögen, sicheres Springen und Ausdauer an. Das Pferd muß flott sein, darf sich weder dauernd treiben lassen, noch (und das ist besonders wichtig) zu stark vorwärtsstürmen. Es handelt sich

hier also mehr um angeborene Eigenschaften und Training, als um das Ergebnis einer sorgfältigen Dressur. Auf Schönheit und Eleganz kommt es hierbei am wenigsten an.

f) Der Rennreiter benötigt das schnellste Pferd. Für den Rennsport braucht sein Pferd so gut wie gar nicht dressiert zu sein. Schnelligkeit wird durch die Zuchtwahl gelöst und später durch Training zur vollen Entfaltung gebracht.

g) Der Zirkusreiter will einem großen Laienpublikum ähnliche Darbietungen wie der Dressurreiter vorführen. Ihm kommt es neben der Rentabilität nicht

Abb. 30 (oben). Maximale Streckung im Sprung. Nelson Pessoa auf Gran Geste
Abb. 31 (links). Höchste Versammlung in der Levade

so sehr auf vollendete Harmonie zwischen Reiter und Pferd (obwohl ihm das sehr erwünscht ist), als mehr noch darauf an, der reiterlich nicht allzu verständnisvollen Zuschauermenge möglichst in die Augen springende Gänge und Gangarten zu zeigen. Da die Pferde nicht im Gelände geritten zu werden brauchen, gelangt man zu diesem Ziele durch Spezialarbeit schneller, als dies bei einer umfassenden Dressurausbildung möglich ist.

h) Der Freizeitreiter schließlich hat in der Bundesrepublik das Reiten zum Volkssport gemacht. Die Zahl derer, die am Pferd Entspannung und Erholung suchen, wächst ständig. Immer mehr Menschen drängt es hinaus in die Natur, zum Einfachen, zum Ursprünglichen. Das Freizeitpferd braucht nicht teuer zu sein. Es muß seinen Reiter bequem tragen, soll kinderlieb sein, muß im Straßenverkehr und im Gelände sicher gehen und soll auch an kleinen Wettkämpfen teilnehmen können.

Die vorstehend skizzierten verschiedenen Ziele schreiben der Ausbildung des Pferdes verschiedene Wege vor. Oft wird man sich mit einem geringeren Grad von Gehorsamkeit oder Training zufrieden geben können, um Zeit und Arbeit zu sparen.

Alle Pferde, die in Dressurprüfungen, in Springprüfungen und in Vielseitigkeitsprüfungen erfolgreich bzw. zum Spazierenreiten oder zum Jagdreiten bequem sein sollen, benötigen zunächst eine dressurmäßige Ausbildung nach Grundsätzen, die in den folgenden Abschnitten dargelegt werden. Nach dieser Grundausbildung scheiden sich die Wege zu dem jeweiligen Spezialtraining.

Wo Zeit und gute Ausbilder vorhanden sind, wird richtige Dressur jedem Pferd nur Nutzen bringen und dem Reiter größere Freude vermitteln. Wird die Dressur aber falsch, übereilt und gefühllos betrieben, dann – und dies ist leider öfter der Fall als umgekehrt – schadet sie mehr, als sie nutzt. Die Schwierigkeit liegt darin, zu erkennen, ob die Dressur richtig oder falsch durchgeführt wird. Auch hier gilt der Satz: »An ihren Früchten sollt ihr sie erkennen!«

Die Grundanschauungen über Dressur

Es wird allgemein angenommen, daß die Anschauungen über *Dressur* im Verlauf der Jahrhunderte und auch in den verschiedenen Ländern stark voneinander abweichen. Man spricht von einer *Klassischen Reitkunst* und von der *Germanischen* und der *Romanischen Reitschule*.

Die *Klassische Reitkunst* besteht nicht aus einzelnen Lehrsätzen, ebenso wie der Stil der *Renaissance* oder des *Barock* sich nicht nur in bestimmten Ornamenten und einzelnen Linien erschöpft. Sie stellt sich als ganzes Gebäude dar, das alle Ziele und Wege der Reiterei umfaßt und durchdringt. Man kann die *Klassische Reitkunst* als die Dressurmethode definieren, die auf natürlichem Weg unter Berücksichtigung des Verhaltens des Pferdes vollendete Harmonie zwischen Reiter und Pferd erstrebt. Alle Unnatur und Künstelei, jede der Natur nicht entsprechende Gangart führt auf Abwege.

Die *Germanische* und *Romanische Schule* vertreten beide diese Auffassung. Beide Methoden sind eng miteinander verwandt. Die Unterschiede entsprechen dem verschiedenartigen Temperament und Charakter der Völker. Der Deutsche ist gründlicher und akademischer, der Franzose leichter und mit einem ausgesprochenen Sinn für élégance begabt.

In England und Italien mißt man der Dressur eine geringere Bedeutung zu.

Meinungsverschiedenheiten gibt es überall. Sachverständige können sich, wie bei den Juristen und Medizinern, in den seltensten Fällen wirklich ganz einigen. Wie sollte dies auch bei der Reiterei möglich sein, bei der es sich nicht um feststehende Größen wie Zahlen in der Mathematik handelt, sondern um Gefühl, Temperament und Veranlagung von Reiter, Pferd und Reitlehrer, wo durchaus veränderliche Größen ausschlaggebend sind! Die Schwierigkeit der Einigung besteht oft darin, daß die Streitenden sich nicht einmal über den Standpunkt einig sind, von dem sie ausgehen wollen, und daß Begriffe, Schlagworte und Fachausdrücke angewendet werden, deren Bedeutung wohl feststeht, aber verschieden aufgefaßt werden kann. Und doch besteht seit Xenophons Zeiten, der die älteste bekannte Reitvorschrift schrieb, Einigkeit darüber, daß die Praxis der Dressur sich nach dem Zweck richten muß, der erreicht werden soll, nach der Zeit, die für die Dressurarbeit zur Verfügung steht, nach dem Pferdematerial und auch nach Können, Anlagen und Temperament der zur Verfügung stehenden Reiter, die die Dressur übernehmen.

Der Gang der Dressur

Bei jedem normalen Dressurgang kann man drei Stadien in der Ausbildung unterscheiden:

Erstes Stadium: Das ungerittene Pferd wird an das ungewohnte Reitergewicht gewöhnt.

Zweites Stadium: Das Pferd wird an die Hilfen gestellt.

Drittes Stadium: Das an die Hilfen gestellte Pferd wird
   a) zum Gehorsam erzogen,
   b) trainiert.

Das erste Stadium muß jedes Pferd durchmachen, das irgendwie als Reitpferd verwendet werden soll.

Auch das zweite Stadium sollte ebenfalls fast jedes Pferd durchmachen. Man muß ein Pferd erst mit den Hilfen vertraut machen, ehe man von ihm verlangt, daß es diesen Hilfen gehorcht. Stellt man ein Pferd sauber an die Hilfen, so ist es zu jeder Verwendungsart gut vorbereitet. Aus mangelndem Verständnis wird gegen diesen Grundsatz aber am häufigsten verstoßen.

Das dritte Stadium umfaßt die eigentliche Dressurarbeit. An ihre Stelle tritt bei anderer Verwendung das entsprechende Spezialtraining.

Nach Vollendung des zweiten Stadiums scheiden sich also die Wege.

Das erste Stadium der Dressur

Die Gewöhnung des ungerittenen Pferdes an das ungewohnte Reitergewicht

Ein Pferd, das noch keinen Reiter getragen hat, kann das ihm zugemutete Gewicht naturgemäß nur als eine mehr oder weniger unangenehme Behinderung im Rücken empfinden. Bei der natürlichen Ängstlichkeit des Pferdes flößt ihm dies darüber hinaus auch noch Furcht ein, und zwar desto mehr, je unvorsichtiger sich der Reiter verhält.

Schon beim ersten Auflegen des Sattels muß man mit Liebkosungen und mit der Stimme das Pferd beruhigen. Dabei kommt es nicht auf die Worte an, sondern auf den Ton der Stimme. Jede Unachtsamkeit, jeder einmal begangene Fehler, rächt sich bei dem guten Gedächtnis und der Ängstlichkeit des Pferdes schwer. Sattel und Zaum legt man deshalb dem Pferde immer in der ihm am meisten vertrauten Umgebung, im Stall oder in der Box, auf. Am besten macht dies der Reiter selbst, während der Pferde-

Das erste Stadium der Dressur

pfleger es gleichzeitig am Hals liebkost.
Häufig wird es sich empfehlen, das Pferd zunächst an der Longe zu arbeiten (s. S. 153), wenn schon nach dem Satteln Spannungen im Rücken auftreten die sich in verhaltenen, ängstlichen Tritten beim Herausführen aus dem Stall zeigen. Es wäre falsch, ein solches Pferd sofort zu besteigen. Aber auch, wenn sich solche Spannungen später, nach dem Aufsitzen, ergeben, ist es ratsam, diese erst durch Arbeit an der Longe wieder zu beseitigen. Je vorsichtiger und langsamer man im Anfang vorgeht, desto schneller kommt man meist vorwärts, mit desto größerer Wahrscheinlichkeit werden Rückschläge vermieden.
Jedesmal, wenn man das junge Pferd wieder besteigt, muß man von neuem mit großer Vorsicht vorgehen und sich zunächst immer vom Pfleger des Pferdes oder einem anderen helfen lassen. Dieser muß unterrichtet sein, daß er das Pferd durch Klopfen am Hals mit ruhigen Bewegungen und durch Zureden beruhigt und sofort nach dem Aufsitzen anführt. Hastige Bewegungen erschrecken das Pferd.
Pferde mit gutem Temperament werden bei Geschicklichkeit des Reiters schnell mit dem Gewicht vertraut und finden das durch die ungewohnte Belastung verlorengegangene Gleichgewicht bald wieder. Es kommt nur darauf an, daß der Reiter still sitzt, sich möglichst aller Einwirkungen enthält und unter Zuhilfenahme der Gerte im ruhigen Arbeitstrabe vorwärtsreitet. Alle Spannungen, die sich aus der Gefährdung des Gleichgewichts und der Angst im ganzen Muskelapparat und Bewegungsmechanismus des Pferdes zeigen, gleichen sich so am schnellsten aus.
Von Vorteil ist es dabei, wenn man das junge Pferd neben einem alten Führpferde herreitet, da es dann die Ruhe des Führpferdes annimmt.

Bei den ersten Versuchen reite man bald an, weil die Belastung des Pferdes im Halten für das Pferd am unangenehmsten ist und alle Spannungen sich im *Vorwärts* am besten lösen.
Sobald das Pferd sich an das Reitergewicht gewöhnt hat, wird es seine natürlichen Gänge wieder zeigen, die bei den ersten Tritten unter dem Reiter unsicher, kürzer und heftiger geworden waren. Ruhige, gleichmäßige, raumgreifende Tritte sind ein Zeichen dafür, daß dieses erste Ziel erreicht ist. Alle Einwirkungen mit der Hand können das Erreichen dieses Zieles nur erschweren. Man vermeide auch, durch zu lang ausgedehnte Trabreprisen und durch zu lang ausgedehnte Arbeit überhaupt, das Pferd zu überanstrengen. Empfindet das Pferd Schmerzen, so regt es sich auf.
Eine ruhige, liebevolle Behandlung während der eingelegten Schrittreprisen, Streicheln und Klopfen des Pferdes am Hals sowie Zureden mit ruhiger Stimme sind in dieser Zeit wirkungsvoller als jede Hilfe. Unbedingt am wirkungsvollsten ist aber ein ruhiger Sitz. Falsch ist es, wenn der Reiter die feste Grundlage im Gesäß aufgibt und sich vornüberneigt, weil er glaubt, die Hinterhand dadurch zu entlasten. Beim kleinsten Stutzen des Pferdes wird er durch Unruhe im Sitz und durch Vornüberfallen mehr stören, als wenn er schmiegsam mit angespanntem Kreuz in die Bewegung des Pferdes eingeht. Weicher und angenehmer für das Pferd als schmiegsam kann der Reiter nie sitzen. Würde er sich hintenüberlegen, würde er schwer und starr im Sattel einsitzen, dann hätte er für Kreuzanziehen und Eingehen in die Bewegung des Pferdes noch kein Gefühl. Solche Reiter sollten das Zureiten junger Pferde nicht übernehmen.

Das zweite Stadium der Dressur

Das Pferd an die Hilfen stellen

Dieses Stadium ist für das Verständnis des ganzen Dressursystems so wichtig und wird so häufig mißverstanden, daß es eingehender Behandlung bedarf. Dies soll nach folgenden Gesichtspunkten geschehen:
Was wird unter *an die Hilfen stellen* verstanden?
Wie sieht ein Pferd aus, das an den Hilfen steht?
Wie fühlt man, ob das Pferd an den Hilfen steht?
Wie erreicht man das?
Wie korrigiert man sein Pferd, wenn das wieder verlorengegangen sein sollte?

Was wird unter an die Hilfen stellen verstanden?

Ein Pferd *steht einwandfrei an den Hilfen* oder ist *an die Hilfen gestellt,* wenn es:
1. sich völlig losgelassen hat. Keinerlei Spannungen oder Steifheit dürfen mehr vorhanden sein, weder in den Kinnladen noch im Genick, Ganaschen, Hals, Rücken oder Gliedmaßen. Weder in Gelenken noch Muskeln – nirgends;
2. am Schenkel steht,
    am Kreuz steht,
    am Zügel steht und
    im Gleichgewicht geht.

Das heißt: williges Zurverfügungstellen des gesamten Bewegungsapparates unter den Willen des Reiters. Das schließt in sich, daß das Pferd die Einwirkungen von Schenkel, Hand, Gewicht und Kreuz verstanden hat und ihnen willig Folge zu leisten vorbereitet und bereit ist.
Das *an den Hilfen stehen* bedeutet aber nicht:
1. irgendeine bestimmte Haltung oder Einstellung des Pferdes;
2. daß das Pferd alle aus den verschiedenen Einwirkungen zusammengesetzten Hilfen schon versteht und befolgen kann.

Das Pferd führt willig, in voller Losgelassenheit viele einfache Dinge aus, die der Reiter von ihm fordert (Seite 60 u. ff.), und gibt diesem bereits das Gefühl von Harmonie, das heißt Übereinstimmung, zunächst im Trab und im Galopp. Im Schritt und im Halten wird sich dieses Gefühl erst viel später einwandfrei erreichen lassen. Damit ist die Vorbedingung dafür geschaffen, das Pferd durch *Lektionen* weiter auszubilden. Ohne volles Vertrauen des Pferdes zum Reiter und ohne völlige Losgelassenheit ist eine solche gemeinsame Arbeit von Reiter und Pferd in Harmonie nicht denkbar. Wenn auch nur eine der aufgestellten Forderungen an einer einzigen Stelle noch nicht erfüllt ist, so besteht dort ein Gefahrenpunkt, von dem eine lange Reihe von Schwierigkeiten ausgehen kann, die je nach dem Temperament des Pferdes und der Geschicklichkeit des Reiters vielleicht zu Katastrophen führen kann, zum mindesten aber dazu, daß der Reiter nicht in der Lage ist, seinen Willen durchzusetzen.
Das *an die Hilfen stellen* ist somit der Ausgangspunkt, die Vorbedingung für jede weitere Dressur, kann aber auch als beste Vorbereitung zu allen anderen Anforderungen gelten, die ein Reiter seinem Pferd zu stellen beabsichtigt (Springen). Das *an die Hilfen stellen* ist auch später immer wieder der Anfang zu jeder leichten oder noch so schwierigen Lektion; erst muß sich der Reiter der Aufmerksamkeit, Losgelassenheit und Willigkeit seines Pferdes versichern, dann darf er erwarten, daß es seinen Willen befolgt.
Das *an die Hilfen stellen* ist auch der Ausgangspunkt, zu dem jeder Reiter zurück-

Das zweite Stadium der Dressur

kehren muß, wenn sein Pferd irgendwelche Untugenden, Spannungen oder Schwierigkeiten zeigt, gleichgültig welcher Art. Jedes verdorbene und verrittene Pferd, das den Gang verloren hat oder ängstlich geworden ist, muß erst wieder *an die Hilfen gestellt* werden. Ist dies geglückt, so sind alle Schwierigkeiten, Spannungen usw., verschwunden, der natürliche Gang ist wieder da, kurz, die Harmonie zwischen Reiter und Pferd ist wiederhergestellt.

Das Erhalten dieser einmal hergestellten Harmonie und ihre Vervollkommnung bis zur höchsten Vollendung beim Ausführen aller, auch der schwierigsten Lektionen, bildet in Zukunft den Prüfstein dafür, ob die Dressur richtige Wege geht. Jeder Baustein, der dem Gebäude der Dressur neu hinzugefügt wird, dient zur Vervollkommnung dieser Harmonie – wenn nicht, so führt er auf Abwege. Dies klingt einfach und ist doch fast das Schwerste in der Reiterei, zugleich auch das Wichtigste, weil es die unumstößliche Grundlage bildet.

Es darf nicht unerwähnt bleiben, daß die meisten Pferde nicht oder doch nicht einwandfrei an die Hilfen gestellt sind und daß die meisten Pferde auch ohne vollendete Harmonie im Gelände mehr oder weniger gut zu regieren und zu dirigieren sind. Es ist aber sicher, das gleiche Pferd würde, wenn es *an den Hilfen steht,* mit geringerem Kraftaufwand und größerer Schonung überall dorthin gelangen, wohin der Reiter will, und der Reiter hätte es leichter und bequemer, würde sich erheblich sicherer und wohler fühlen und hätte nicht plötzlich einmal Schwierigkeiten, die er nicht vermutete, – wenn eben das Pferd an den Hilfen stände!

Abb. 32. Das Holzpferdchen

Wie sieht ein Pferd aus, das an den Hilfen steht?

Diese Frage wird hier nur deshalb behandelt, weil sie in ähnlicher Weise sehr oft gestellt wird. Sie darf nicht dazu führen, die *Haltung* des Pferdes in seiner bestmöglichen Form zu beschreiben. Tut man dies aber doch, dann muß man sich darüber klar sein, wie sehr man die Mehrzahl aller Reiter dazu verführt, ihr Pferd in diese als beste Haltung beschriebene Form auf irgendeine Art und Weise hineinzulocken oder zu zwingen. Hier lauert für jeden Reiter die größte Gefahr!

Das Schlagwort von *den langen Hälsen* hat das Schlagwort von der *Haltung* abgelöst. Die *Haltung* muß je nach dem erreichten Dressurgrad, je nach Tempo, Lektion und dem Gebäude des Pferdes verschieden sein. Die richtige Antwort kann also nur lauten: »So, daß man das Gefühl hat, zwischen Reiter und Pferd ist völlige Harmonie vorhanden.«

Die Frage: »Wie sieht ein Pferd aus, das an den Hilfen steht?« läßt sich also nicht beantworten, indem nur die Haltung des Pferdes allein beschrieben wird, weil zu dem An-die-Hilfen-Gestelltsein notwen-

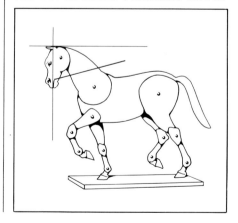

digerweise der Reiter gehört, ohne den es ein *An-den-Hilfen-Stehen* nicht geben kann.

Beschreibt man aber, wie es meist geschieht, allein die Haltung des Pferdes, dann sollte man sich wenigstens nicht auf Hals und Kopf beschränken, denn man sollte nie vergessen – das kann gar nicht oft genug gesagt werden –, daß der Reiter ein lebendes Pferd, nicht ein Holzpferdchen unter sich hat. Beim Pferd kann man nicht wie beim Holzpferdchen einzelne Teile losgelöst vom Ganzen bearbeiten und auch nicht nach einzelnen Teilen das Ganze beurteilen.

Die Forderung, zwischen Reiter und Pferd soll Harmonie erkennbar sein, weist ferner darauf hin, daß nicht ein einzelner Blick genügt, sondern man Reiter und Pferd (beide) einige Zeit beobachten muß, ehe ein Urteil abgegeben werden kann, ob das Pferd an den Hilfen steht oder nicht. Dabei ist es notwendig, Pferd und Reiter im Halten und im Gang, und im Gange zum Beispiel auch beim Handwechsel, Eckenpassieren, bei Paraden, beim Reiten auf der Zirkellinie zu beobachten.

Ein Perd kann im Gang, im Arbeitstrab, schon sauber an die Hilfen gestellt sein und im Halten noch nicht. Ist es aber umgekehrt, daß das Pferd im Halten scheinbar an den Hilfen steht, im Gang aber nicht, dann hat man sich sicherlich täuschen lassen.

Jede Bewegung muß ruhig und harmonisch sein und auch so aussehen. Die Bewegung des Reiters muß für sich und in Beziehung zum Pferde harmonisch sein. Man muß dem Pferde ansehen, wie wohl es sich fühlt, und vom Reiter glauben, daß alles gewissermaßen von selbst verläuft und er nichts dazu zu tun braucht. Gerade auf diese letzte Forderung, daß alle Hilfen unsichtbar sein müssen, ist ausschlaggebender Wert zu legen. Sobald die Hilfen erkennbar sind, sind

> Eine Abbildung des »an die Hilfen gestellten Pferdes« wird nicht gegeben, um dadurch die Gefahr zu betonen, die in der Überschätzung der äußeren Form lauert.
>
> Harmonie zwischen
> Reiter und Pferd
>
> soll nicht nur in einem günstigen Moment vorhanden sein, den eine einzelne Abbildung darstellt. Sie drückt sich nicht in einer bestimmten Haltung aus, sondern nur in der dauernden Übereinstimmung der beiden Lebewesen in jeder Bewegung.

Abb. 33. Das »an die Hilfen gestellte Pferd«

es keine harmonischen Hilfen mehr; dann kann man mit Sicherheit den Schluß ziehen, daß das Pferd nicht an den Hilfen steht.

1. *Der Reiter* muß:*

a) stet und ruhig auf dem tiefsten Punkt schmiegsam im Sattel sitzen. Man darf ihn weder bei jedem Tritt in den Sattel fallen, noch mit dem Gesäß klappen hören oder sehen;

b) Arme und Fäuste völlig ruhig halten. Er darf nicht bei jedem Tritt mit Händen oder Unterarmen schlagende Bewegungen ausführen. Die Zügel müssen dauernd gleichmäßig anstehen und dürfen auch nicht einmal vorübergehend herabhängen oder einmal stärker und dann wieder schwächer gespannt sein. Der Reiter darf nicht durch Riegeln (Hin- und Herziehen) mit den Zügeln im Pferdemaul die Verbindung mit diesem oder das Kauen aufrechterhalten;

c) die Beine ruhig und ständig mit dem Pferdeleib in Verbindung halten, damit sie jederzeit sofort zur Einwirkung ohne Haltungsänderung gelangen können; nur das Knie wird unmerklich mehr oder weniger gekrümmt.

---

* Man kann mit der Beobachtung beim Pferd oder beim Reiter beginnen. Wir fangen deshalb beim Reiter an, weil er der aktive Teil ist, der das Pferd an die Hilfen stellt.

Das zweite Stadium der Dressur

2. *Das Pferd muß:*
a) ruhige, gleichmäßige, schwungvolle Tritte zeigen;
b) beim Geradeausreiten geradeaus gestellt sein, beide Ohren in gleicher Höhe; sich in jeder Ecke oder Wendung scheinbar von selbst nach innen stellen; jeder Blick nach außen verrät Steifheit;
c) ruhig, gleichmäßig, ohne Unterlaß am Gebiß kauen, ohne daß man dies hört. Es darf das Gebiß weder ausspucken noch mit ihm knirschen oder mit der Zunge spielen, diese zurückziehen, über das Gebiß nehmen, heraushängen lassen, unmäßig viel Schaum entwickeln;
d) den Kopf und Hals ruhig tragen. Es darf nicht mit dem Kopf schlagen, auch nicht bei Tempowechsel und Paraden oder Antraben von der Stelle, diesen vor- und aufwärts strecken oder auf die Brust setzen, den Hals dabei aufrollen (auch nicht bei Paraden) und von Zeit zu Zeit mit dem Kopf nach der Brust zurückschlagen. Der Hals muß eine gleichmäßige, schöngewölbte Linie ohne Knick zeigen;
e) den Schweif ruhig tragen, ohne mit ihm zu schlagen oder zu wedeln.

Alle obengenannten Merkmale müssen logischerweise gleichmäßig vorhanden sein; fehlt auch nur eines von ihnen, dann kann das Pferd unmöglich völlig losgelassen sein und seinen ganzen Bewegungsapparat dem Willen des Reiters unterworfen haben. Es steht demnach nicht an den Hilfen.

Der gerundete Hals und das emsige Kauen des Pferdes sind folglich keineswegs die einzigen oder auch nur die wichtigsten, sondern nur besonders leicht erkennbare Merkmale. Es gibt aber viele Mittel, den Hals zu runden und das Pferd zum Kauen zu bringen und so die Form nachzuahmen, ohne daß damit das Pferd wirklich an die Hilfen gestellt wird.

Wie fühlt der Reiter, ob sein Pferd an den Hilfen steht?

Die Frage, wie der Reiter fühlt, ob sein Pferd richtig an den Hilfen steht, ist für jeden Reiter naturgemäß viel wichtiger und wesentlicher als die im vorigen Kapitel behandelte Frage: Wie sieht das aus?

Es darf nicht der geringste Zweifel darüber herrschen, was der Reiter fühlen soll und auf welche Weise er sein Gefühl überprüfen kann.

Jeder Reiter muß auch wissen, daß man sehr wohl in der Lage ist, die Behauptung »mein Pferd steht an den Hilfen« einwandfrei zu beweisen. Es darf sich dabei also ganz gewiß nicht um leere Behauptungen handeln, deren Berechtigung zweifelhaft bleiben könnte.

Wenn ein Pferd an den Hilfen steht, dann sollte es:
1. völlig losgelassen sein,
2. schenkelgehorsam sein und am Kreuz stehen,
3. zügelgehorsam sein (an den Zügeln stehen) und
4. im Gleichgewicht gehen.

Jeder dieser vier Begriffe muß einzeln behandelt werden.

Daraus darf aber nicht geschlossen werden, daß diese Forderungen unabhängig voneinander erfüllbar wären. Sie gehen vielmehr derart ineinander über, weil die Hilfen sich aus Einwirkungen mit Kreuz, Schenkel, Zügeln und Gewicht zusammensetzen, daß sie sich gar nicht trennen lassen. Man kann nicht ein Pferd an die Zügel stellen ohne Schenkel oder an den Schenkel ohne Zügel. Man kann ein Pferd immer nur *an die Hilfen* stellen.

Wie fühlt der Reiter, ob sein Pferd völlig losgelassen ist?

Die Frage ist so umfassend, daß nur das Ausprobieren aller im folgenden angeführten Kontrollen in ihrer Gesamtheit auf diese Frage richtige Antwort gibt. Zeigt sich irgendwo noch ein Widerstand, dann ist das Pferd nicht völlig losgelassen. Im besonderen ist das sicher noch nicht der Fall, wenn das Pferde nicht
a) mit gleichmäßigen, ruhigen, raumgreifenden Tritten vorwärtsgeht und am Gebiß kaut,
b) im Rücken so gleichmäßig schwingt, daß der richtig sitzende Reiter ohne Mühe am Sattel zu kleben vermag.

Wie fühlt der Reiter, ob sein Pferd an Schenkel und Kreuz steht?

Die Proben, ob ein Pferd am Schenkel und am Kreuz steht, gehen derart ineinander über, daß man sie kaum voneinander trennen kann, da eine Kreuzeinwirkung ohne Unterstützung des Schenkels unmöglich ist. Die Schenkelwirkung kann so fein werden, daß manchmal kaum noch zu unterscheiden ist, ob der Schenkel nur passiv noch Fühlung hat oder schon aktiv einwirkt. Der Reiter selbst müßte diesen Unterschied aber stets fühlen.

Kreuz- und schenkelgehorsam ist das Pferd, wenn man es jederzeit hauptsächlich mit Kreuz und Schenkel veranlassen kann:
a) zu entschlossenerem Vorwärtsgehen,
b) zu raumgreifenderen, längeren Tritten und ebenso
c) zum Parieren.
Zum Schenkelgehorsam gehört außerdem, das Pferd durch den Schenkel
d) zum Seitwärtsgehen zu veranlassen.
Die Selbstkontrollen zu a) und d) bedürfen keiner besonderen Erläuterung.

Schwieriger ist es, das Pferd zu raumgreifenderen, längeren Tritten zu veranlassen. Drückt man sein Pferd bei entsprechend nachgehendem Zügel mit Kreuz und Schenkel vor, dürfen die Tritte nicht eiliger und aufgeregter werden, das Pferd darf nicht durch Höher- und Tiefernehmen des Kopfes oder Kopf- oder Schweifschlagen oder andere Anzeichen zu erkennen geben, daß es die Einwirkungen als Behinderung empfindet. Die Tritte sollen nur ruhiger und raumgreifender werden. Fühlen kann man das nur durch Ausprobieren. Hat man es schon öfter ausprobiert, werden bald ein oder zwei verlängerte Tritte genügen, um dem Reiter zu sagen, ob sein Pferd am Kreuz und Schenkel steht. Ohne dieses Ausprobieren kann man es aber nicht fühlen, und man wird dann immer in Gefahr schweben, seinem Pferde den Gang wegzureiten, ohne es zu merken.

Ebenso schwierig und sehr wichtig ist die Gegenkontrolle, ob die Paraden durchgehen.* Mancher wird sagen, daß, wenn eine Parade durchgeht, das Pferd eigentlich mehr am Zügel stehen müßte, als am Kreuz und Schenkel. Gerade bei dieser Forderung zeigt es sich am deutlichsten, daß man keinen Unterschied darin machen kann, ob das Pferd *am Zügel* oder *am Kreuz* und *Schenkel* steht. Immer sollte man nur davon sprechen, ob es *an den Hilfen steht*. Probiert man aber aus, ob man die Tritte des Pferdes verlängern kann, dann gehört zu dieser Probe die Gegenprobe der Parade.

---

* Der Ausdruck »durchgehen« in diesem Zusammenhang bedeutet in der Reitersprache, die Parade gelangt durch das ganze Pferd vom Maul über Genick und Rücken bis zu den Hinterbeinen. Umgekehrt sagt man, daß eine Parade »steckenbleibt«, wenn das Pferd den Druck auf die Kinnladen mit Kinnladen, Genick oder Hals durch Öffnen des Maules und Nicken mit dem Kopf abfängt und die Parade nicht bis zu den Hinterbeinen durchgeht, das Pferd also das Tempo nicht in voller Harmonie verkürzt.

Schließlich bilden Kreuz und Schenkel auch das aktive Moment bei den Paraden. Drückt man sein Pferd bei passivem oder annehmendem Zügel mit Kreuz und Schenkel vor, soll das Pferd das Tempo verkürzen, sich mehr aufnehmen. Die Tritte müssen ruhiger und erhabener werden. Das Pferd darf aber nicht durch Höher- oder Tiefernehmen des Kopfes oder Kopf- oder Schweifschlagen, durch Aufrollen, Verwerfen des Halses, Aufsperren des Maules oder andere Anzeichen zu erkennen geben, daß es die Parade als Behinderung empfindet.

Der Reiter soll die Empfindung haben, als würde das Pferd hinten tiefer und als hätte er die Tritte des Pferdes, obwohl sie langsamer geworden sind, trotzdem doch verlängert. Temperamentvolle Pferde werden in der Parade unter Umständen durch leichte Bewegung des Schweifes den Schenkeldruck quittieren. Ist die Bewegung aber heftig oder kann man aus dem Verhalten des Pferdes sonst entnehmen, daß es die Parade als eine Behinderung empfindet, so ging die Parade nicht durch. Halbe Paraden können gröber oder feiner gegeben werden. Die größte Feinheit besteht darin, daß der Reiter aktiv lediglich sein Kreuz anspannt. Muß er gleichzeitig mit beiden Schenkeln gleichmäßig das Pferd vordrücken, so kann man auch eine solche Parade noch als fein ansprechen. Benötigt der Reiter, um seiner halben Parade mehr Nachdruck zu verleihen, aber eine aktive Zügeleinwirkung durch Einschrauben der Fäuste, wenn auch nur um eine Kleinigkeit, so ist die Parade nicht mehr fein, sondern grob. Der Reiter wird oft nicht unterscheiden können, ob er das Pferd nur an die passive Faust herangetrieben oder schon aktiv mit den Zügeln eingewirkt hat. Nimmt er die Zügel in eine Hand, ist die Frage leichter zu beantworten.

Auch jede andere, einfachere Einwirkung von Kreuz und Schenkeln wird das Pferd befolgen, wenn es an Kreuz und Schenkeln steht. Man wird demnach durch Vordrücken nur des inneren Gesäßknochens und durch entsprechendes Sitzen mit verwahrendem äußeren Schenkel die Hinterhand des Pferdes in die Bahn hineinstellen. Wirft sich dabei das Pferd gegen den Schenkel und stellt die Hinterhand gerade umgekehrt, dann steht es nicht am Schenkel. So kann der Reiter bereits mit einwandfrei links- und rechtsgestelltem Pferd reiten und sich selbst dabei überzeugen, ob das Pferd schon dem leichtesten Schenkeldruck entspricht. Tut es das nicht, so steht es nicht an den Schenkeln.

Wie fühlt der Reiter, ob sein Pferd am Zügel steht?

Zügelgehorsam ist das Pferd, wenn man es jederzeit hauptsächlich mit dem Zügel veranlassen kann:
a) den Kopf höher oder tiefer zu tragen,
b) den Hals lang zu machen,
c) sich zu stellen,
d) die Stellung aufzugeben,
e) die Haltung aufzugeben.

Das Pferd ist nur dann richtig an die Hilfen gestellt, wenn der Reiter alle vorstehenden Kontrollen durchführen kann, auch wenn er die Zügel in eine Hand nimmt. Die Proben sind aber alle nur möglich bei aktiver Unterstützung der Zügelführung durch Kreuz und Schenkel. Demnach erfaßt ein geschulter, prüfender Blick nicht nur, ob das Pferd *am Zügel* steht, sondern der Beurteilende sieht auch, ob es *an den Hilfen* ist.

1. Stellt der Reiter seine Fäuste höher oder tiefer, so kann er dadurch den Kopf des Pferdes in gewissen Grenzen höher und tiefer stellen, ebenso kann er durch Hö-

her- oder Tieferstellen nur der einzelnen Faust das eine oder das andere Ohr des Pferdes höher oder tiefer stellen. Das Pferd sollte willig und sofort entsprechend reagieren. Tut das Pferd das aber nicht, steht es nicht am Zügel. Die Grenzen, in denen dieses Höher- und Tieferstellen möglich ist, fühlt der Reiter am Widerstand des Pferdes oder am Herabhängen der Zügel. Fordert der Reiter für längere Zeit eine bestimmte Hals- und Kopfstellung, die dem derzeitigen Dressurgrad nicht entspricht, so wird sich das rächen. Die Stellung von Hals und Kopf soll sich automatisch ergeben; sie muß beim ersten An-die-Hilfen-Stellen tief sein und hebt sich entsprechend der Senkung der Hinterhand durch Aufrichtung der ganzen Vorderhand (relative Aufrichtung).

2. Gibt der Reiter beide Zügel nach bei unveränderter Schenkeleinwirkung, so muß das Pferd den Hals lang machen und entsprechend dem Nachgeben nach vorwärts strecken. Macht das Pferd den Hals dabei aber nicht lang und kommt der Zügel dadurch zum Herabhängen, so steht das Pferd nicht am Zügel, sondern ist hinter dem Zügel.

Mancher Reiter entschuldigt das Herabhängen der Zügel mit den Worten: »Das Pferd soll sich doch selbst tragen.« Richtig und falsch liegen hier sehr dicht beieinander. Bei vorgeschrittener Dressur kommt es dahin, daß das Pferd sich *von selbst trägt*. Es bedarf keiner besonderen Erinnerung oder Hilfe des Reiters mehr, um das Pferd zu veranlassen, die eingenommene Haltung beizubehalten. Aber auch dann muß der Reiter noch immer in der Lage sein, den Hals des Pferdes, wenn er will, länger zu machen (s. S. 75).

3. Gibt der Reiter nur den einen Zügel hin bei unveränderter Schenkellage und ohne Gewichtseinwirkung, so muß das Pferd den Hals an dieser Seite lang machen und versuchen, die Verbindung mit der Faust des Reiters aufrechtzuerhalten. Das ist wichtig, weil jede Stellung dem Pferd ebenso sehr durch Vorgehen der äußeren Faust abverlangt wird, wie durch Annehmen des inneren Zügels.

Beim Reiten auf dem Zirkel soll dem Pferd: durch den inneren Zügel die Stellung, durch den äußeren Zügel die Haltung gegeben werden (ein bekannter Grundsatz). Damit ist gleichzeitig gesagt: Wenn der innere Zügel nicht mehr wirkt, müßte die Stellung verlorengehen, und wenn der äußere Zügel nicht mehr wirkt, müßte die Haltung verlorengehen. Daraus ergeben sich die beiden nächsten Proben.

4. Der Reiter gibt auf dem Zirkel den inneren Zügel nach, ohne die Tätigkeit des äußeren Zügels zu ändern. Man kann dazu mit der inneren Faust vorgehen oder auch den inneren Zügel fallen lassen. Das an den Hilfen stehende Pferd versucht die Verbindung mit dem inneren Zügel aufrechtzuerhalten und muß den Hals innen lang machen. Wenn der äußere Zügel nicht nachgab, so findet es an ihm zunächst eine Stütze und stellt sich daher nach außen. Wenn der Reiter sein Gewicht auf dem inneren Gesäßknochen beibehält, wird dadurch das Pferd zur Beibehaltung der Zirkellinie mit Kopfstellung nach außen veranlaßt. Gibt der Reiter aber an der offenen Seite die Gewichtsverlegung nach innen auf, so geht das Pferd in der Tangente zum Zirkel geradeaus weiter. Verlegt der Reiter sein Gewicht nach der anderen Seite, changiert das Pferd auf den anderen Zirkel.

5. Gibt der Reiter auf dem Zirkel umgekehrt den äußeren Zügel hin, ohne den

inneren Zügel zu verändern, indem er den äußeren Arm vorstreckt oder den äußeren Zügel fallen läßt, so muß das Pferd den Hals außen lang machen. Die Haltung geht dadurch verloren, und das Pferd läuft in einer Schneckenlinie allmählich nach innen.

Diese beiden letzten Versuche (4 und 5) sind deshalb für jeden Reiter wichtig, weil sie ihm zeigen können, wo es noch fehlt, welche Seite die weichere ist und welche noch gebessert werden muß.

6. Vereinigt der Reiter die Zügel in einer Hand, auch beim Reiten auf blanker Trense, so darf dadurch die sichere Verbindung mit dem Pferdemaul nicht verlorengehen. Das Pferd muß emsig weiterkauen. Die Verbindung zwischen Faust und Pferdemaul sollte das Ergebnis der vortreibenden Einwirkungen von Kreuz und Schenkeln sein und nicht die Folge kraftvoller oder riegelnder Einwirkungen der Hand. Alle vorstehenden Proben muß der Reiter deshalb auch mit einer Hand durchführen können.

Wie fühlt der Reiter, ob sein Pferd im Gleichgewicht geht?

Die Frage ist derart gestellt, weil sie meist in dieser Art formuliert wird. Ein vierbeiniges Tier befindet sich fast immer im Gleichgewicht. Daher kann das Fohlen sehr bald nach der Geburt schon stehen und laufen, wenn auch zunächst noch etwas unbeholfen, während das Kind auf seinen zwei Beinen erst regelrecht balancieren lernen muß. Das junge Pferd findet sich dementsprechend schnell mit dem Reitergewicht ab. Deshalb ist aber noch nicht erwiesen, ob die Schwerlinie des Reiters mit der des Pferdes (s. S. 32 und folgende) zusammenfällt. Erst wenn die Übereinstimmung zwischen den beiden Schwerpunkten hergestellt ist, sitzt der Reiter *im Gleichgewicht,* und dann sagt man auch, *das Pferd geht im Gleichgewicht.* Ist das nicht der Fall, wird das Pferd auf die Dauer doch den Gang verlieren, weil sein Bewegungsmechanismus behindert ist. Nur wird das nicht immer von vornherein erkennbar sein, sondern manchmal erst nach Tagen.

Geht das Pferd im Gleichgewicht, muß es auf jede Gewichtsverlegung des Reiters reagieren. Vorwärts und rückwärts sind solche Gewichtsverlegungen ohne Sitzveränderungen schwer durchführbar. Dadurch wird das Ausfühlen beeinträchtigt. Gehorcht das Pferd aber beim Anziehen des Kreuzes und den Paraden, dann geht es im Gleichgewicht.

Jede seitliche Gewichtsverlegung des Reiters rechts oder links muß das Pferd mitmachen – je nach der Einwirkung von Kreuz, Schenkeln und Zügeln, indem es sich stellt oder wendet –, aber auch wenn der Reiter die Zügel ganz hingibt, kann er durch Gewichtsverlegung noch Schlangenlinien reiten. Er muß dann aber sein Pferd mit Kreuz und Schenkel gut vorwärtstreiben.

Wann ist das Pferd geradegerichtet?

Alle Pferde sind von Hause aus schief (natürliche Schiefe.) Man sagt, daß dies mit der Lage des Embryos im Mutterleib zusammenhängt. Die Schiefe äußert sich darin, daß die Hinterfüße nicht in der Bewegungslinie der Vorderfüße spuren, sondern etwa um eine Handbreite nach der einen oder anderen Seite versetzt auffußen. Die meisten Pferde gehen, wie übrigens auch bei Hunden zu beobachten, von hinten rechts nach vorn links schief, das heißt die Hinterhand fällt nach rechts aus. Solche Pferde sind auf der linken Hand weniger biegsam als auf der rechten, und beim Geradeausreiten hat der Reiter das Gefühl, daß das Pferd sich an den linken Zügel stark anlehnt, während es an den rechten nicht herankommen will.

Durch vermehrte Übungen mit Linksstellung und Linksbiegung wird das Pferd allmählich auch auf seiner linken Seite nachgiebig werden, sich an den rechten Zügel heranstrecken und mit den Hinterfüßen auf der Spur der Vorderfüße folgen. Mit Pferden, die von hinten links nach vorn rechts – also entgegengesetzt – schief gehen, verfährt man entsprechend umgekehrt.

Das Pferd ist geradegerichtet, wenn es auf beiden Seiten gleichmäßig biegsam ist und die Hinterfüße auf geraden wie auf gebogenen Linien stets in der Spur der Vorderfüße folgen. Hierin liegen die Voraussetzung für jede weitere Dressurarbeit und die Grundlage für die Versammlung. Nur das geradegerichtete Pferd ist voll im Gleichgewicht, geht losgelassen und taktrein und kann seinen natürlichen Schwung entfalten (s. Abb. 4, S. 15).

Wie wird ein Pferd an die Hilfen gestellt?

Diese Frage muß, je nachdem, ob es sich um ein gerittenes Pferd, ein ungerittenes Pferd, ein verrittenes Pferd handelt, unterschiedlich behandelt werden.

Wege und Ziele sind die gleichen. Zum besseren Verständnis jedoch ist eine getrennte Besprechung erforderlich.

Was beim gerittenen Pferd durch eine einzelne Hilfe erreicht wird, bedarf beim ungerittenen Pferd einer wochenlangen planmäßigen Arbeit und bei jedem Pferd, das sich dem Willen des Reiters widersetzt, der Korrektur. Deshalb haben wir das *An-die-Hilfen-Stellen* als *Stadium* bezeichnet. Kann ein Pferd das Examen, ob es an den Hilfen steht, bestehen, so hat es dieses Stadium hinter sich.

Das An-die-Hilfen-Stellen des gerittenen Pferdes

Will der Reiter ein gerittenes Pferd an die Hilfen stellen, so genügt es, wenn er sein Kreuz anspannt. Ob im Halten oder im Schritt, im Trab oder Galopp – das Pferd stellt sich sofort an die Hilfen, vorausgesetzt, daß die Zügel verwahrend wirken, das heißt sich vollkommen passiv verhalten, und die Schenkel, die stets am Leib Fühlung halten sollen, eventuell durch leichten Druck das Anspannen des Kreuzes unterstützen (s. halbe Parade, S. 91 ff.).

Die Haupttätigkeit fällt also Kreuz und Schenkeln zu, nicht den Zügeln. Falsch ist es, die Zügel durch Einschrauben der Fäuste zu verkürzen.

Ein Pferd, das sich durch Kreuzanziehen und Schenkeldruck nicht sofort an die Hilfen stellt, ist nicht sauber geritten. Es handelt sich dann entweder um ein ungerittenes oder um ein verrittenes Pferd.

Das An-die-Hilfen-Stellen des ungerittenen Pferdes

Das ungerittene Pferd wird an die Hilfen gestellt, wenn es so weit gefördert ist, daß es im ruhigen Arbeitstrab das Reitergewicht verträgt und mit langen, ruhigen, raumgreifenden Tritten faul neben dem Führpferde hergeht. Die eigentliche Arbeit beginnt damit demnach, wenn das Pferd so faul geworden ist, daß der Reiter zum Treiben kommt. Das Verständnis für das Treiben wird durch die Gerte vorbereitet. Bei Benutzung der Gerte muß der Reiter, besonders bei einem jungen Pferd, sehr vorsichtig sein (s. S. 148), um es nicht scheu zu machen bzw. zu erschrecken. Mehr und mehr

Tafel 4. In voller Harmonie: Weltmeister der Springreiter Gert Wiltfang mit Roman

Das zweite Stadium der Dressur

fühlt sich der Reiter mit seinen Unterschenkeln an das Pferd heran; das läßt sich jedes Pferd gern gefallen, wenn die Unterschenkel nicht unruhig sind. Verständnis dafür, daß ein Druck der Schenkel Treiben bedeutet, lernt das Pferd allmählich durch den gleichzeitigen kleinen Schlag mit der Gerte.

Alle weitere Arbeit besteht dann in der Folgezeit darin, das Pferd im Arbeitstempo vorwärtszureiten. Das ist ein Tempo, das immer eine Kleinigkeit schneller ist als das natürliche Tempo, welches das Pferd gerade anbietet. Sobald das Pferd Neigung zeigt, kürzer zu werden und fauler, droht meist auch der Schwung verlorenzugehen. Wenn dann die Wirkung des Treibens einsetzt und der Reiter das Tempo angibt, die Auswahl des Tempos also nicht dem Willen des Pferdes überläßt, beginnt der Wille des Reiters, sich durchzusetzen. Das ist der Anfang zum *An-die-Hilfen-Stellen.* Der Schwung nach vorn darf aber dabei nicht aufgehalten werden dadurch, daß der Reiter formend mit der Hand auf das Pferd einwirkt; denn die Form ist nicht das, worauf es ankommt. Alle Spannungen und Schiefen, die sich bemerkbar machen, alle unruhigen Tritte werden nach vorn herausgetrieben in einem ruhigen, raumgreifenden Arbeitstrab. Das Pferd läßt dabei von allein, wenn der Reiter mit der Faust nicht entgegenwirkt, Hals und Kopf fallen und sucht sich von selbst allmählich eine gleichmäßige Anlehnung am Zügel.

Man hüte sich, zu früh und zu plötzlich das Tempo zu wechseln, zu frühzeitig zum Mitteltrab überzugehen. Wendungen im Gange und Tempowechsel müssen gewissermaßen versuchsweise erst nur angedeutet werden. Schrittweise tastet man sich vor und achtet vor allem darauf, daß der ruhige, gleichmäßige Vortritt nicht verlorengeht. Behält das Pferd den ruhigen Schwung bei, so kann man mit seinen Forderungen weitergehen. Sobald aber der Schwung verlorengeht, hat man zuviel verlangt.

So ergibt sich ein kleiner Fortschritt nach dem anderen wie von selbst aus dem vorhergehenden. Das Pferd wird nach kurzer Zeit dem treibenden Schenkel völlig gehorsam sein. Als Ergebnis des Nachschubs der Hinterhand, infolge des Treibens, wird es den Zügel annehmen und am Gebiß zu kauen beginnen. Mit völlig passiver Hand läßt der Reiter das Pferd den Zügel finden. Das selbständige Aufsuchen des Zügels ist das Wesentliche. Der Reiter darf das nicht mit rückwärtswirkendem Zügel beschleunigen wollen. Die Gefahr besteht sonst, daß das Pferd mit der Nase hinter die Senkrechte kommt, sich aufrollt und mit dem Gebiß zu spielen beginnt. Das Pferd darf aber nicht hinter den Zügel kommen und das Gebiß *ausspucken;* das kann der Reiter nur wieder durch vermehrtes Vortreiben und etwas freieres Tempo verhindern. Hilft dies nicht, so ist ein leichter Schlag mit der Gerte angebracht. Häufig hört der Reiter, wie das Pferd das Gebiß ausspuckt und mit ihm spielt; auch dann ist ein leichter Schlag mit der Gerte, ein stärkeres Vortreiben notwendig.

Der ruhige, gleichmäßige Gang muß sich mehr und mehr festigen. Die Festigung des ruhigen Vortritts bildet den Prüfstein dafür, ob der Reiter richtig arbeitet. Wirkt er dabei aus seinem ruhigen, schmiegsamen Sitz allmählich mehr und mehr auch mit dem Kreuz bei den Paraden ein, was für den ruhigen Sitz von vornherein Bedingung ist, ebenso wie jede Wendung harmonisch durch die Gewichtseinwirkung unterstützt wird, so wird das junge Pferd nach einiger Zeit völlig sicher an den Hilfen stehen.

Ein sicherer, am Sattel klebender Sitz und allmählich immer fühlbarer zur Wirkung kommende Kreuz- und Schenkeleinwir-

Die Ausbildung des Pferdes

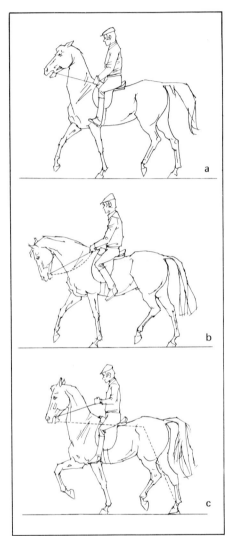

kungen bringen das Pferd bei ruhiger Führung ganz von selbst an die passive Faust. Jedes *gewandte* oder gewaltsame Einzwängen von Hals und Kopf durch Rückwärtswirken mit den Zügeln muß notwendigerweise zu einem falschen Ergebnis führen. Vielleicht wird das Pferd schneller durch einen gerundeten Hals den Eindruck eines gerittenen Pferdes machen; dafür ist es aber nicht gehorsam geworden und hat schon gelernt, sich den Einwirkungen des Reiters durch Aufrollen des Halses und *Hinter-den-Zügel-Gehen* zu entziehen.

Das An-die-Hilfen-Stellen des verrittenen Pferdes

Das Korrigieren verritteter Pferde ist eines der wichtigsten Gebiete der Reiterei überhaupt. Nur so werden Reiter erzogen, die aktiv und energisch, mit Gefühl und ohne Ungeduld ihre Pferde arbeiten. Diese Arbeit sagt dem Reiter auch, ob seine Einwirkungen richtig oder falsch sind.
Jedes gutgerittene und feinfühlige Pferd kann sehr schnell durch falsche Einwirkungen verritten werden. Wer nie oder nur selten Gelegenheit gesucht hat, zu korrigieren, beispielsweise ein Pferd, das *hinter*

Abb. 34. Verrittene Pferde, die nicht »an den Hilfen« stehen.
a = Gegen den Zügel beziehungsweise über dem Zügel (mit steifem Genick). Reiter mit zu tiefer Faust und fortgestreckten Schenkeln, ohne jede Übereinstimmung seiner Einwirkungen. b = Aus der Skizze ist nur ersichtlich, daß das Pferd den Gang verloren hat; darüber hinaus ist nun durch Beobachtung feststellbar, ob der Reiter zuviel Gewicht in der Hand hat (dann liegt das Pferd »auf dem Zügel«) oder kein Gewicht in der Hand hat und der Zügel vorübergehend herabhängt (dann geht das Pferd »hinter dem Zügel«). c = Hirschhals – weggedrückter Rücken; heftige, zu hohe Tritte; die zu hohe Aufrichtung ohne Versammlung und Senkung der Hinterhand ist ohne genügend vortreibende Einwirkungen nur mit der Hand erzielt

dem Zügel geht, wieder an die Hilfen heranzureiten, wird kaum in der Lage sein, sein Pferd auf die Dauer richtig *an den Hilfen zu erhalten.* Sein Gefühl wird ihm kaum verraten, wann sein Pferd im Begriff ist, hinter den Zügel zu kippen, und wie er das verhindern oder korrigieren kann. Bei diesem Reiter haben auf die Dauer alle Pferde die gleichen Untugenden.

Man spricht von Ungehorsam, obwohl das, was man meint, mit dem Begriff Ungehorsam gar nichts zu tun hat. Das Pferd entzieht sich den Einwirkungen des Reiters niemals aus Gemeinheit oder Bösartigkeit, sondern weil es Angst, Schreck oder Schmerzen empfindet und weil der Reiter nicht in der Lage ist, ihm seinen Willen kundzutun.

Das Pferd kann sich den Einwirkungen des Reiters auf sehr verschiedene Arten entziehen, und das in geringerem oder stärkerem Grad. Schuld daran ist aber fast niemals das Pferd, sondern immer der Reiter. So ist das lästige *Auf-die-Zügel-Drücken* meist nur die Folge einer zu harten Hand. Im Anfang kann man das durch Anspannen des Kreuzes, Gegensitzen mit vermehrtem Treiben, eventuell auch mit Sporenstich korrigieren.

Hat sich das Pferd aber erst daran gewöhnt, *auf der Hand zu liegen,* sich von ihr gleichsam *tragen zu lassen,* so helfen nur kurze Schläge mit der Gerte dicht hinter dem Gurt, die stets dann sofort wiederholt werden müssen, wenn das Pferd sich wieder auf das Gebiß legen will. Man sollte dann aber auch sofort im Augenblick strafen und immer nur mit einem Schlag. Erschrocken wird das Pferd einige Tritte schneller vorwärtsgehen und sich dann von neuem auf die Hand legen. Dann erhält es sofort wieder seine Strafe, und so fort, bis es das *Auflegen* läßt. Die wirkungsvollste ist aber nicht die Gerte und nicht der Sporn, sondern die treibenden Einwirkungen mit Kreuz und Schenkel.

Der Reiter beklagt sich oft darüber, daß sein Pferd:

ein hartes, totes Maul hat,

ein steifes Genick hat
 (bei heftigem Temperament),
über dem Zügel geht,
sich auf den Zügel legt,
im Schritt zackelt,

einen falschen Knick hat
 (hinter dem 3. Halswirbel),

kurze, übereilte Gänge hat
 (bei heftigem Temperament),
schief geht,
die Zunge heraushängen läßt,

mit dem Kopf schlägt
 (s. Martingal, S. 151),

einen Hirschhals hat
hinter dem Zügel geht,
sich ins Genick wirft,
den Rücken wegdrückt (bei heftigen
 Pferden mit schwachem Rücken),

sich in einem oder beiden Hinterbeinen
 steif macht,

sich gegen den Schenkel wirft,
den Gang und Schwung verloren
 hat.

Alle vorstehenden Mängel verschwinden sofort, sobald das Pferd *an die Hilfen* gestellt ist. Sie sind demnach letzten Endes nur Symptome des gleichen Grundübels, nichts anderes als ein *Sich-den-Hilfen-Entziehen,* das sich bald hier, bald dort und auf

verschiedene Weise verraten kann.
Jeder Reiter sollte sie deshalb nicht als *unabwendbare Geschenke des Himmels* hinnehmen, sondern sich ernsthaft bemühen, sein Pferd an die Hilfen zu stellen, damit ihm nicht unterwegs möglicherweise gerade in entscheidenden Momenten noch größere Schwierigkeiten entstehen.

Scheuen

Scheut ein Pferd vor einem sichtbaren Gegenstand, dann wendet es diesem immer den Kopf zu und starrt ihn entsetzt an. Man stellt dann das Pferd nach der anderen Seite und drückt es mit dem inneren Schenkel an den Gegenstand der Furcht vorbei (Abb. 35). Entscheidend ist hierbei die Umstellung, weil dadurch dem Pferd die Möglichkeit, sich entgegenzustemmen, genommen wird. Gelingt es dem Reiter nicht, das Pferd umzustellen und vorzudrücken, dann steigt er am besten ab und führt es an dem Gegenstand vorbei. Oft kann man in Gemeinschaft mit anderen Pferden und Reitern an furchterregenden Gegenständen leichter vorbeikommen; man stellt dann von vornherein sein Pferd nach der anderen Seite.
Nach Möglichkeit jedoch sollte man dem Pferd immer Gelegenheit geben, sich den furchterregenden Gegenstand genauer anzusehen. Mit Geduld und beruhigender Stimme wird das Pferd bald Vertrauen gewinnen und sich für den betreffenden Gegenstand »interessieren«.

Bocken

Das Pferd kann in verschiedener Weise bocken: vorwärtsspringend, auf der Stelle, und auf der Stelle im Drehen. Bei allen drei Arten nimmt es den Kopf tief und bringt dadurch den Reiter leicht aus dem Sattel.

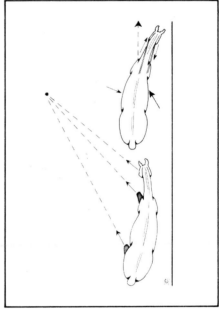

Abb. 35. Scheuen und Maßnahmen des Reiters

Durch stark hebende, ruckartige Anzüge mit den Zügeln muß der Reiter versuchen, Kopf und Hals des Pferdes in die Höhe zu bekommen und entschlossen vorwärtszureiten. Vergißt der Reiter das Vorwärtsreiten in solchen Augenblicken, dann kommt er auch meist, wenn das Pferd nicht von selbst aufhört zu bocken, aus dem Sattel. Pferde mit empfindlichem Rücken zeigen oft, wenn sie beim Satteln falsch behandelt wurden, gleich nach dem Aufsitzen Neigung zum Bocken (Sattelzwang). Meist ist das schon vor dem Aufsitzen, beim Vorführen, an einem gespannten Rücken und an unsicheren Tritten des Pferdes zu erkennen. Solche Pferde werden besser zunächst longiert und etwas herumgeführt, bis die Spannung sich gegeben hat. Vor allem müssen solche Pferde sehr vorsichtig gesattelt werden; die Gurte dürfen nur allmählich angezogen werden. Wenige Sekunden vor dem Aufsitzen tut man gut, die Gurte ein oder zwei Loch länger zu schnallen. Geht man mit solchen Pferden nicht vorsichtig um, um das Bocken zu vermeiden, wird es immer schlimmer.

Steigen

Auch beim Steigen kommt es wie beim Bocken darauf an, vorwärtszureiten, da das Pferd nur aus dem Halten zu steigen vermag.

Ist das Pferd unvermutet gestiegen, so faßt der Reiter am besten in die Mähne oder noch besser um den Hals, um nicht aus dem Sattel zu kommen oder durch Ziehen am Zügel das Pferd umzuwerfen. Die Bügel läßt man am besten dabei los. Senkt sich das Pferd, dann muß der Reiter sofort Hals und Mähne loslassen und versuchen, vorwärtszureiten. Der größte Fehler ist dann, zu lange am Hals zu bleiben und dadurch Sitz und jegliche Einwirkung auf das Pferd zu verlieren. Am besten nimmt man sofort beim Herunterkommen Hals und Kopf des Pferdes hoch, da das Pferd mit hoch erhobenem Halse nicht steigen kann. Ebenso muß der Reiter verfahren, wenn er vorher fühlt, daß sein Pferd steigen will, was aber selten der Fall sein wird. Durch Tiefstellen der Faust und Herabdrücken kann man das Steigen nicht verhindern.

Das Unangenehmste am Steigen ist das Überschlagen, wenn das Pferd mit einem oder beiden Hinterbeinen den Halt verliert und seitlich oder hintenüber kippt. Man stößt sich dann vom Pferd ab, um nicht darunter zu kommen. Stößt man sich aber aus Angst zu früh ab, dann kann es geschehen, daß das Pferd gerade deshalb auf den Reiter fällt, weil er nicht weit genug von ihm weggekommen ist.

Durchgehen

Mit Durchgehen bezeichnet man ein Davonstürmen des Pferdes, das nicht aufzuhalten ist. Meist liegt es daran, daß der Reiter sich festgezogen hat, und im Ziehkampf ist das Pferd immer stärker. Das Pferd kann mit hocherhobenem und mit aufgerolltem Halse durchgehen. Glaubt der Reiter die Macht über das Pferd verloren zu haben, so ist es ganz falsch, noch auf Paraden, Anzüge oder auf Ziehen am Zügel irgendwelchen Wert zu legen. Das Wichtigste ist dann, daß der Reiter geradeaus schaut, über die Pferdeohren hinweg, um Platz zu suchen, wohin er das Pferd dirigieren kann, wo er es auf einen erst größeren und allmählich immer kleiner werdenden Kreis abwenden kann, um es schließlich im Mittelpunkt des Kreises zum Stehen zu bringen. Man wendet hierbei fast nur mit dem inneren Zügel, und wird meist erstaunt sein, daß das Pferd sich viel leichter wenden läßt, als man glaubt.

Mit blutunterlaufenen Augen, irrsinnig, gehen Pferde ganz selten durch.

An die Wand drücken

Drängt ein Pferd gegen eine Wand oder einen Baum, so stellt es sich dabei meist von dem Gegenstande ab und stemmt sich mit den inneren Füßen dagegen. Es kommt hierbei darauf an, daß der Reiter genau wie beim Scheuen das Pferd nach der entgegengesetzten Seite stellt, in diesem Falle also nach dem Gegenstand zu, an den es sich lehnen will. Auf diese Weise macht er das Stemmen unmöglich und kann dann mit dem inneren Schenkel das Pferd leicht von dem Gegenstande wegdrücken. Das Entscheidende ist also auch hier die Umstellung (siehe Abbildung 36 auf der folgenden Seite).

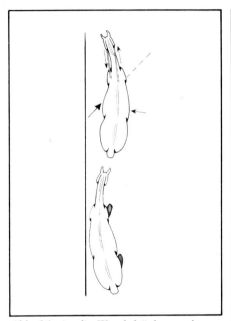

Abb. 36. An die Wand drücken und Maßnahmen des Reiters

Kleben

Kleben nennt man das Verhalten des Pferdes, das sich auf diese Weise bemüht, nicht von der Stelle zu gehen, bei anderen Pferden oder am Stall oder an einer Tür zu bleiben. Das Pferd steigt oder bockt dabei oder benimmt sich, als wenn es den Reiter gegen eine Wand drücken wollte. Man begegnet dieser Absicht des Pferdes mit den beim Bocken, Steigen und An-die-Wand-drücken beschriebenen Mitteln. Das Wichtigste ist aber, daß man das Pferd durch treibende Einwirkungen zum Vorwärtsgehen veranlaßt.

Tritt das Kleben an anderen Pferden oder das Drängeln nach dem Stalle erst auf, wenn der Reiter einige Zeit geritten ist, dann hat der Reiter den Beweis, daß das Pferd nicht an den Hilfen stand. Eine solche Widersetzlichkeit sollte jeder Reiter als ernste Mahnung des Pferdes auffassen, sich mit dem *An-die-Hilfen-Stellen* vertraut zu machen.

Wie werden Untugenden korrigiert?

Jeder Reiter sucht einmal nach Anweisungen, wie man solche Untugenden, wie sie von Seite 66 an aufgeführt sind, abstellen kann, und hört dann die verschiedensten Ratschläge: Schlaufzügel, Longe, Bodenricks oder sonst irgendein Mittel.

Die Ratschläge bestehen aber meist aus Mittelchen, die für einen bestimmten Zweck nur eine Eselsbrücke bilden, zum Beispiel das Pferd veranlassen, zu kauen oder den Hals zu senken. Sie dienen aber keineswegs wirklich dazu, das Pferd zur vollkommenen Losgelassenheit zu bringen, daß es seinen Willen völlig dem des Reiters unterwirft und die Einwirkungen des Reiters versteht und ihnen willig Folge leistet. Es kann naturgemäß überhaupt kein Mittel geben, das, wie das Eingeben einer Arznei, unfehlbare Wirkung hat. Tatsächlich wirksam werden nie die Mittel sein, sondern nur die Geschicklichkeit und das Verständnis des Reiters bei ihrer Anwendung. Der junge Reiter sollte deshalb auch mit den Versuchen, ein verrittenes Pferd zu korrigieren, nicht zu früh beginnen, sondern erst dann, wenn er wirklich gelernt hat, in die Bewegung des Pferdes einzugehen (das Kleben am Sattel).

Der Weg, Untugenden zu korrigieren, muß im wesentlichen immer der gleiche sein, weil das Ziel stets das gleiche ist: Das Pferd sich ganz und gar dem Willen des Reiters unterwirft, das heißt an den Hilfen steht. Die sich entgegenstellenden Schwierigkeiten sind verschieden, je nachdem, ob das

Das zweite Stadium der Dressur   71

Pferd hinter dem Zügel geht oder auf dem Zügel oder über dem Zügel, ob es sich im Genick, im Rücken oder in den Hinterbeinen steif macht. Beim Korrigieren muß man sich aber immer an das ganze Pferd wenden und niemals an Teile des Pferdes. Der Gang der Arbeit kann deshalb immer nur folgender sein:

1. Zuerst muß jedes Pferd wieder lernen, auf die treibenden Einwirkungen hin vorwärtszugehen.
2. Ist das erreicht, wird das Pferd nach innen gestellt.
3. Läßt sich das Pferd nach innen stellen, wird ihm der Weg nach der Tiefe gezeigt.
4. Hat es von sich aus den Weg nach der Tiefe gefunden, läßt man es dort den Zügel finden.
5. Hat es den Zügel von sich aus angenommen, wird es durch halbe Paraden aufgenommen.

Um dem Pferde das Annehmen des Gebisses zu erleichtern, zäumt man es zum Korrigieren immer auf Trense. Die Trense nimmt das Pferd williger an, weil sie weicher wirkt.

Wie lehrt man ein verrittenes Pferd den treibenden Einwirkungen zu gehorchen?

Am schwierigsten ist dies bei Pferden, die davonstürmen, weil sie den Schenkel nicht vertragen. Mancher Reiter glaubt, daß er auf solch einem Pferd überhaupt nicht zum Treiben kommen kann.

Hier hängt alles davon ab, das Pferd zur Ruhe zu bringen. Man geht im Trab auf den Zirkel und, wenn dies nicht hilft, auf die Volte. Der Reiter darf sich dabei nicht verführen lassen, an den Zügeln zu ziehen, zu halten; die Zügel haben zunächst nur die Aufgabe, zu lenken. Man muß so lange auf dem Zirkel oder der Volte bleiben, bis das Pferd sich treiben läßt, ohne erneut loszustürmen. Je besser man versteht, am Sattel zu kleben, das Kreuz anzuspannen, und je vorsichtiger und ruhiger die Schenkel am Pferdeleib einwirken, um so eher wird dies gelingen. Jedes Stoßen mit unruhigen Schenkeln muß das Pferd erneut erschrecken und muß erneutes Davonstürmen hervorrufen. Durch das andauernde kurze Wenden auf der Volte wird jedes Pferd allmählich eingeschläfert. Ein anderes Mittel gibt es nicht.

Der Reiter kommt meist viel eher zum Treiben, als er gedacht hat, aber auch nur dann, wenn er wirklich gut am Sattel zu kleben versteht.

Besonders bei Pferden, die Schmerzen im Rücken haben, ist dieses *Still-im-Sattel-Sitzen* (nicht steif, nicht schwer, sondern schmiegsam mit angespanntem Kreuz am Sattel kleben) das Entscheidende. Wer sich vornübersetzt, kommt nie zu einem richtigen Ergebnis. Der innere Zügel hält das Pferd auf dem Zirkel oder auf der Volte; auf den äußeren Zügel kommt es zunächst gar nicht an, ebenso wie die Haltung des Pferdes belanglos ist. Daß der Reiter und nicht das Pferd das Tempo bestimmt, nur das allein soll zunächst erreicht werden. Erst wenn dies gelungen ist, beginnt die eigentliche Arbeit. Alle Dressur beginnt erst, wenn das Pferd faul geworden ist und sich treiben läßt, und wenn der Reiter mit Kreuz und Schenkeln zur Einwirkung, zum Treiben kommt.

Umgekehrt ist es bei Pferden, die faul und unempfindlich gegen den Schenkel sind. In solchen Fällen ist es falsch, trotzdem allein mit den Schenkeln treiben zu wollen. Die Sporen würden das Pferd nur unnütz verletzen und noch mehr abstumpfen. Hier hilft nur die Gerte (s. S. 148). Auch das ungerittene Pferd lernt mit Hilfe der Gerte, auf Schenkel- und Kreuzeinwirkungen vorwärtszugehen. Über die Anwendung der Gerte muß sich der Reiter orientiert haben, ehe er ein solches Pferd an die Hilfen zu stellen versucht. Hat das Pferd erst gelernt, auf Kreuz- und Schenkeldruck wieder vorwärtszugehen, wird es dem Reiter bald gelingen, das Arbeitstempo zu bestimmen: ruhig, gleichmäßig, aber immer ein wenig fleißiger, als das Pferd will. Dies zu vergessen, ist der häufigste und schwerste Fehler beim *An-die-Hilfen-Stellen.*

Weshalb und wie wird das verrittene Pferd in Stellung gearbeitet?

Hat das verrittene Pferd gelernt, auf Kreuz- und Schenkeldruck vorwärtszugehen, bringt man es dazu, in Stellung zu gehen. Zum *An-die-Hilfen-Stellen* gehört als Vorbedingung völlige Losgelassenheit des Pferdes, und je leichter man es dem Pferd macht, desto eher wird es tun, was der Reiter will.
Alle Pferde, vor allem solche, die Schmerzen im Rücken haben oder sich an irgendeiner Stelle verkrampfen, lassen sich schneller los, wenn sie nicht geradeaus, sondern in Stellung geritten werden. Schon von Natur aus stellt sich jedes Pferd immer rechts oder links und nie geradeaus, ebenso wie das beispielsweise beim Hund zu beobachten ist.
Der Reiter stellt sein Pferd nach innen, indem er den inneren Zügel vorsichtig wirken läßt und mit dem äußeren Zügel gleichzeitig nachgibt. Fast jedes Pferd wird sich sehr bald nach innen stellen lassen. Wenn nicht auf der linken, so doch auf der rechten Hand. Auf welcher Hand das Pferd hierzu gefügiger ist, muß der Reiter feststellen, indem er aus dem Zirkel oder der Volte auf die andere Hand wechselt (richtige Hufschlagfigur). Dies auszufühlen, ist nicht schwer und bedarf keiner großen reiterlichen Feinfühligkeit. Auf der Seite, auf der das Pferd die Stellung nach innen williger hergibt, wird mit der Arbeit begonnen. Ob man sein Pferd dabei erst im Hals und dann hinten stellt, oder umgekehrt oder gleichzeitig, ist ohne Belang, wenn man nur nicht vergißt, daß das Vorwärtstreiben das Entscheidende ist und daß jede Vernachlässigung des Sitzes, jeder Spezialsitz, nur zu einem Miß- oder Scheinerfolg führen kann. Stellt sich das Pferd aber trotz energischen Treibens wider Erwarten auf beiden Händen nicht nach innen – es gibt sehr wenige Pferde, die sich nicht wenigstens auf einer Hand nach innen stellen lassen, wenn der Reiter wirklich weich im Sattel sitzt (am Sattel klebt) und vorsichtig mit dem inneren Zügel einwirkt –, so muß der Reiter zum Schlaufzügel greifen (s. Abb. 37 und S. 151).
Die Anwendung dieses Hilfsmittels kompliziert zwar anscheinend die Arbeit, ist aber in solchen Fällen nicht zu umgehen. Erforderlich ist nur, sich vor Beginn der Arbeit über die Verwendung des Schlaufzügels genau zu orientieren. Ist das beabsichtigte Ziel erreicht, so hat man sich sofort von diesem Hilfsmittel freizumachen, indem man es nicht mehr benutzt. Der Schaden ist sonst größer als der Nutzen.
Das Pferd stellt sich am schnellsten nach innen, je weicher der innere Zügel wirkt, wenn gleichzeitig der äußere Zügel nachgibt und das Pferd dabei energisch vorwärtsgeritten wird. Zieht der Reiter mit Gewalt am inneren Zügel, darf er sich nicht wundern, wenn das viel stärkere Pferd daraufhin nicht mit weichem Nachgeben antwortet. Entscheidend für den Erfolg ist die Vorsicht bei der Behandlung des Pferdemauls, während gleichzeitig mit deutlicher Gewichtsverlegung nach innen das Pferd energisch vorwärtsgeritten wird. Glückt es auf der einen Hand nicht bald, so versucht

Das zweite Stadium der Dressur

man es auf der anderen, glückt es auf dem Zirkel nicht, dann glückt es auf der Volte. Auch der Wechsel von links nach rechts und von rechts nach links hilft weiter. Nur darf man nicht durch Gegenhalten mit dem äußeren Zügel in diesem Stadium das Nachgeben erschweren.

Ist dies erreicht, so hat der innere Zügel nur noch die eine Aufgabe, dafür zu sorgen, daß die Stellung nach innen erhalten bleibt und nicht wieder verlorengeht. Je weicher der innere Zügel wirkt, um so lieber wird ihn das Pferd annehmen.

Weshalb und wie wird dem verrittenen Pferd der Weg nach der Tiefe gezeigt?

Viele Reiter sind sich darüber nicht im klaren, weshalb zuerst eine tiefe Stellung von Hals und Kopf vom Pferd gefordert wird, wenn letzten Endes das Pferd durch die Reitausbildung vorn gehoben und hinten gesenkt werden soll. Die Aufrichtung der Vorhand für sich allein hat keinen Wert, wenn sie nicht die Folge der Senkung der Hinterhand ist (relative Aufrichtung). Die Hinterhand des Pferdes soll mehr gewinkelt und gesenkt werden, um mehr am Tragen der Last beteiligt zu werden (s. S. 82). Dazu muß sie aber erst befähigt werden, indem ihre Schubkraft zunächst angeregt, entwickelt und ausgebildet wird. Beim Schieben mit der Hinterhand senkt das Pferd den Hals aber von Natur. Der Hals soll sich deshalb aber nicht nur senken, sondern auch strecken. Dieses Strecken ist vielleicht noch wichtiger als das Senken. Hätte man nicht die Fähigkeit, jederzeit den Hals zum Strecken zu bringen, wenn man will, hätte man auch keine Möglichkeit, zu verhindern, daß das Pferd hinter den Zügeln kippt, sich hinter den Zügel verkriecht und sich so der Einwirkung mit den Zügeln entzieht. Man käme dann nie wirklich dazu, das Pferd richtig *an den Hilfen* zu haben.

Dieses Senken und Strecken des Halses nennt man in der Reitersprache dem Pferd *den Weg nach der Tiefe zeigen*. Hierdurch läßt sich das Pferd im Rücken los, beginnt zu schwingen und kann mit den Hinterfüßen energischer vortreten. Das Pferd balanciert sich aus.

Die Arbeit beginnt man am besten auf dem Zirkel oder in der Volte und im Arbeitstrab. Mit dem äußeren Zügel übt der Reiter zunächst einen ganz leichten Druck auf die äußere Lade (Kinnlade des Pferdes) aus, um sofort durch Vorgehen mit der Faust oder dem ganzen Arm in Richtung auf das Pferdemaul zu wieder nachzugeben. Durch den kurzen Druck, der nur einen Augenblick lang wirkt, soll das Pferd nur auf den äußeren Zügel aufmerksam gemacht werden – das Vorgehen –, Nachgeben ist das Wichtigere. Durch das Vorfühlen soll das Pferd angeregt werden, seinerseits nachzugeben und den Hals zu strecken.

Die Schenkel drücken bei angespanntem Kreuz das Pferd vorwärts, ständig in etwas flotterem Tempo, als das Pferd angibt. Vergißt der Reiter das Treiben oder gibt das Pferd das Tempo an, so liegt für das Pferd kein Grund mehr vor, an den lockenden Zügeln heranzugehen, und alle Arbeit ist vergeblich. Vor allem muß das Treiben gerade dann zur Geltung kommen, wenn die äußere Faust nachgibt und vorfühlt, der Zügel lockt (länger wird).

Die innere Faust sorgt für Beibehaltung der Stellung und darf die Tätigkeit der äußeren Faust nicht unterstützen wollen. Dies ist wichtig, weil es andernfalls leicht dazu kommt, daß der Reiter beide Fäuste abwechselnd wirken läßt, mit den Fäusten hin- und hergeht, also *riegelt*. Dadurch kann das Pferd nie *an die Hilfen,* sondern nur *hinter den Zügel* oder *auf die Zügel* ge-

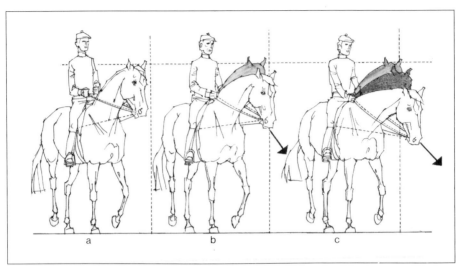

Abb. 37. Dem Pferd den Weg nach der Tiefe zeigen, auf dem Zirkel mit Schlaufzügel; b und c = Senken und Strecken des Halses

bracht werden.
Bietet der Reiter dem Pferd durch fortdauerndes Vorgehen der äußeren Faust das Langmachen des Halses, das *Sich-in-die-Zügel-Strecken,* an, so geht das Pferd mit der Zeit auf den Wunsch des Reiters ein. Das Pferd kann dieses fortgesetzte Vorfühlen als langweilig und belanglos, aber nicht als schmerzerregend oder unangenehm empfinden, und wird sich daher nicht dagegen wehren, sondern wird mit weiterem Umkreisen des Zirkels oder der Volte behaglicher und fauler. Wenn der Reiter nun nicht ungeduldig wird, streckt sich das Pferd allmählich in den Zügel hinein. Dauert das dem Reiter zu lange, so kann er eventuell dem Pferd etwas mehr Stellung abzugewinnen versuchen und etwas mehr treiben, das Pferd mehr an den für einen Augenblick mit erhobener Faust kräftiger gespannten äußeren Zügel herandrücken.

Je unbequemer das Pferd eventuell bei erhobenem Hals den kurzen Druck in den steifen Ganaschen empfindet, desto eher und williger folgt es dem sofort wieder lockenden Zügel in die Tiefe, weil ihm das angenehmer ist. Der Reiter kann versuchen, ob das Pferd auf der anderen Hand schneller versteht, was er will. Aber mehr oder anderes kann der Reiter nicht tun und darf er auch nicht. Den Weg nach unten kann der Reiter nur zeigen, finden soll ihn das Pferd selbst.
Meist reagiert das Pferd schon nach wenigen Minuten, manchmal erst nach einer halben Stunde, aber einmal reagiert jedes Pferd auf dieses vorgesetzte Vorfühlen, dieses *Anbieten.* Hat das Pferd unentschlossen erst einmal den ersten, schüchternen Versuch gemacht, den Hals lang zu machen, so hat der Reiter nur fortzufahren, das nach innen gestellte Pferd mit Schenkel und Kreuz an den äußeren, lockenden Zügel heranzutreiben, immer wieder; auf der einen und dann auf der anderen Hand; auf der weicheren Hand zunächst intensiver, damit endlich ein Fortschritt bemerkbar

Das zweite Stadium der Dressur

wird und das Pferd versteht, was man von ihm will; dann dasselbe auf der anderen Hand. Muß der Reiter schließlich fortgesetzt die Hand wechseln (richtige Hufschlagfiguren), bis das Pferd endlich von selbst auf beiden Händen gleichmäßig den Hals lang macht und ihn dabei nach vorwärts abwärts streckt. Damit ist die Grundlage für das *An-die-Hilfen-Stellen* gelegt. Der Schlaufzügel kann hierbei hilfreich sein. Er gehört jedoch nur in die Hand eines versierten Ausbilders, da sonst großer Schaden angerichtet werden kann (falscher Knick, totes Maul, weggezogene Zunge).

Wie findet das verrittene Pferd den Zügel in der Tiefe?

Streckt das Pferd behaglich auf beiden Händen den Hals nach vorwärts-abwärts, braucht der Reiter diesen Drang des Pferdes nur auszunutzen, die Zügel nur passiv wirken zu lassen. Das Pferd geht dann von selbst an ihn heran und beginnt zu kauen. Wenn dem Pferd keinerlei Zwang angetan wird, außer daß man das Vorwärtsgehen wirklich energisch von ihm verlangt, besteht auch keinerlei Anlaß zu irgendwelcher Steifheit, Spannung oder Angst.
Das Strecken des Halses ist demnach die Vorbedingung, die conditio sine qua non für das Finden und Annehmen des Zügels durch das Pferd. Das Strecken des Halses ist aber auch ebensowenig identisch mit dem Annehmen des Zügels durch das Pferd, wie zuerst das Abgewinnen der Stellung nicht dasselbe ist wie das Langmachen des Pferdehalses. All diese drei Tätigkeiten:

   das Abgewinnen der Stellung
   das Langmachen des Pferdehalses,
   das Gewinnen der Anlehnung am Zügel
gehen aber sehr stark ineinander über, mehr als es vielleicht zuerst erscheinen mag. Eine ganz getrennte Darstellung ist aber notwendig, um jeden dieser drei Vorgänge zu klären.
Dabei bleibt es aber immer noch das Wichtigste, das Treiben nicht zu vergessen, das

Abb. 38. Verlängern der Tritte (a und b); im Gegensatz dazu falsche Beizäumung (c)

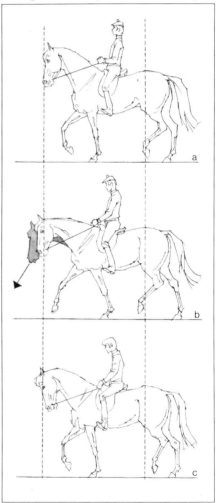

Pferd immer wieder an die Zügel heranzudrücken und sich von neuem durch Vorgehen der äußeren Hand zu vergewissern, ob die Verbindung zwischen Faust und Pferdemaul wirklich nur eine Folge des Treibens und nicht etwa doch durch Rückwärtswirken der Hände erreicht ist.

Alle bis dahin vorhandenen Steifheiten und Verkrampfungen in Kinnladen, Ganaschen, Hals, Rücken und Gliedmaßen sind und werden weiterhin durch den gleichmäßigen, langweiligen, aber doch energischen, etwas über dem Tempo des Pferdes liegenden Arbeitstrab herausgetrieben. Das Pferd läßt sich immer vollkommener los, steht schließlich am Schenkel, Zügel und Kreuz und geht im Gleichgewicht.

Hat das Pferd von sich aus den Zügel angenommen, wird es durch halbe Paraden aufgenommen

Das Pferd steht nach der vorangegangenen Arbeit bereits an den Hilfen. Es fehlt nur noch die Sicherstellung des Erreichten. Immer wieder muß das Pferd zum Ausstrecken des Halses gebracht werden, damit sich diese zwanglose Art zu gehen, die es nicht anders als angenehm empfinden kann, befestigt. Dadurch beruhigen sich die Tritte immer mehr, die gleichzeitig durch energisches Vorwärtstreiben immer raumgreifender werden. Der Rücken kommt zum Schwingen, wölbt sich bei jedem Tritt auf und ab, alle Muskeln spielen und sind nicht mehr verkrampft.

Auf leichtes Gegenhalten der Zügel wird das Pferd, wenn es vermehrt an den Zügel herangetrieben wird, nicht nur am Zügel kauen, sondern darüber hinaus dem Druck des Zügels auch nachgeben, sich ohne Widerstand aufnehmen, das heißt mehr Gewicht der Hinterhand zuschieben und parieren. Diese Arbeit ist bereits der Übergang zu der Arbeit des Versammelns (s. S. 80).

Der beschriebene Weg wird nicht bei allen Pferden schon in einer halben Stunde zum Ziele führen, aber es wird sich sehr bald erkennen lassen, daß er zum Ziele führen wird. Der Reiter wird manchmal 8 bis 14 Tage benötigen, das Erlernte zu befestigen, bis er so weit ist, sein Pferd schon nach wenigen Tagen wie ein gerittenes Pferd an die Hilfen zu stellen. Gelingt das aber nicht in kurzer Zeit, dann gelingt es meist überhaupt nicht; denn von allein oder zufällig oder *mit der Zeit* kommt es nicht. Dann aber sollte der Reiter sich die Frage vorlegen, ob der Grund des Mißlingens nicht bei ihm selbst zu suchen ist. Meist liegt es daran, daß der Reiter nicht gelernt hat, in die Bewegung des Pferdes einzugehen.

Fragen, Zweifel und Fehler beim Korrigieren

Der beschriebene Weg, ein verrittenes Pferd an die Hilfen zu stellen, mag in der Theorie sehr einfach erscheinen. Er ist aber auch in der Praxis viel einfacher, als allgemein angenommen wird. Jeder Reiter sollte ihn kennen, weil er zur Ausbildung des Gefühls gehört. Jeder, der sich sich aber mit dem Versuch abgeben will, ein verrittenes Pferd an die Hilfen zu stellen, sollte sich darüber klar sein, daß Vorbedingung für den Erfolg das völlig sichere Eingehen in die Bewegung des Pferdes ist, das *Kleben am Sattel*. Wer hinter dieses Geheimnis noch nicht gekommen ist, der ist naturgemäß auch nicht in der Lage, sein Pferd richtig an die Hilfen zu stellen; denn wer die Grundlagen nicht beherrscht, kann unmöglich richtig einwirken!

Es wird oft die Frage aufgeworfen, ob Untugenden im Kampf abzustellen sind oder ob man den Kampf vermeiden müßte. Die

Das zweite Stadium der Dressur

Fragestellung in dieser Form ist falsch. Ein Kampf dürfte niemals nur mit roher Kraft und Gewalt geführt werden. Jede Korrektur verlangt stärkste Konzentration, Einfühlungsvermögen, Verstand und Geduld, wenn man darauf hoffen will, sich dem Pferde verständlich zu machen und seinen Willen durchzusetzen.

Es gibt sehr viele Reiter, die glauben, daß manche Untugenden von Pferden, zum Beispiel das Zackeln oder das Wegdrücken des Rückens, als Folge von Temperaments- oder Gebäudefehlern gar nicht zu korrigieren wären. Auch Menschen werden oft widerspenstig und reizbar, nur weil sie falsch behandelt werden.

Viele Reiter sind auch der Ansicht, daß es immer die schwierigste Aufgabe wäre, ein Pferd, das hinter dem Zügel geht, zu korrigieren. Für den Reiter, der wirklich am Sattel klebt und Gefühl und Praxis im Korrigieren hat, sind alle Aufgaben gleich und unterscheiden sich je nach dem, ob sie festeingewurzelt sind oder weniger fest.

Es wird häufig empfohlen, das Pferd nicht im Trab, sondern im Halten oder Schritt an die Hilfen zu stellen und dann erst, wenn das gelungen ist, anzutraben. Das ist deshalb falsch, weil dieser Weg unendlich viel schwerer ist und fast stets zum *Hinter-dem-Zügel* führt. Der größere Vorwärtsschwung in der Trabbewegung vermittelt den meisten Reitern das Verständnis dafür, daß sie sich nicht etwa nur an Hals oder Kopf, sondern an das ganze Pferd zu wenden haben. Man fühlt aber im Trab deutlicher als im Schritt oder Halten, ob das Pferd auf die vorwärtstreibenden Einwirkungen genügend reagiert und demnach vorwärtsgeht oder ob es kürzer wird.

Vielfach mißverstanden und Veranlassung zu unendlich vielen Fehlern ist auch der oft gehörte Ratschlag: »Der Reiter soll nachgeben, sobald das Pferd nachgibt.« Damit ist gemeint, daß der Reiter nie in einem Anzuge stecken bleiben oder verharren soll und daß das Annehmen des Zügels immer nur so lange dauern darf, bis das Pferd nachgegeben hat. Hält der Reiter dann aber weiter mit dem Zügel gegen, obwohl das Ziel bereits erreicht war, muß es zu Differenzen zwischen Reiter und Pferd kommen, an denen das Pferd aber nicht schuld hat. Der gefühlvolle Reiter sollte das Nachgebenwollen des Pferdes gewissermaßen vorausfühlen, um praktisch im gleichen Moment, in dem das Pferd nachgibt, selbst nachzugeben.

Oft wird der Satz aber umgekehrt und falsch aufgefaßt, als ob er lautet: »Der Reiter soll erst nachgeben, wenn das Pferd nachgegeben hat.« Mit anderen Worten, er soll so lange gegenhalten, *bis* oder *damit* das Pferd nachgibt. In dieser Form führt der Satz naturgemäß auf Irrwege. Gibt das Pferd nicht nach, wenn der Zügel angenommen wird, so hat das oft seinen Grund darin, daß der Reiter Kreuz und Schenkel nicht genügend gleichzeitig hat wirken lassen, wie er es bei der Parade tun sollte.

Oft wird dann das Nachholen des Versäumten oder das stärkere Wirkenlassen genügen, um eine Nachgiebigkeit des Pferdes zu erreichen. Genügt die Wiederholung der Parade in verbesserter Auflage aber nicht, sondern drückt das Pferd weiter oder sogar vermehrt gegen, dann ergibt sich für den Reiter die Aufgabe, sein Pferd zum Nachgeben zu veranlassen, ihm den Weg nach der Tiefe zu zeigen. Hält er dann so lange gegen, bis das Pferd den Weg von allein findet, so würde das Nachgeben – wenn es überhaupt jemals dazu kommt – jedenfalls nie sein Verdienst sein, das Ergebnis seiner Einwirkungen, sondern Zufall. Der Reiter hat nichts getan, um das Pferd zum Nachgeben zu veranlassen, als abgewartet. Wenn dieser Zufall aber nicht eintritt, kommt es wahrscheinlich bei den meisten Reitern auf einen Ziehkampf hinaus. Wenn das Pferd aber zwischendurch doch einmal nachgeben sollte, obwohl es ja zehnmal stärker ist, so wird der Reiter in 99 von 100 Fällen den langersehnten Augenblick verpassen – und zu spät nachgeben. Gelingt es ihm aber doch, einmal den Augenblick richtig zu erfassen, dann wird dieses Nachgeben, wie oben beschrieben, das Pferd meist veranlassen, *hinter den Zügel* zu kippen.

Nur ausnahmsweise kann ein sehr geschickter Reiter dem Pferd dann noch begreiflich machen, daß es sich strecken, den Hals lang machen soll; gelingt ihm aber das Kunststück, dann ist das nur die Folge des Vorfühlens. Es ist aber nicht die Folge des Gegenhaltens vorher. Der Weg war falsch, denn das Gegenhalten erschwerte die Arbeit nur.

Das Anspannen des Kreuzes ist manchem Reiter unbekannt; manche sprechen vom Kreuz, wissen aber doch nichts mit ihrem Kreuz anzufangen. Manche leugnen überhaupt die Möglichkeit einer Einwirkung. Viele glauben nicht daran, weil sie nie gefühlt haben, daß man tatsächlich das Pferdemaul wie an zwei Stangen mit den Zügeln vor sich herschieben und den Hals verlängern kann; oder sie halten die Forderung für so schwer, daß nur wenige gottbegnadete Reiter dahin gelangen können. Solche Reiter getrauen sich meist nicht, mit den Zügeln einmal nachzugeben, weil sie befürchten, daß es ihnen nicht gelingt, den Hals wieder zu runden, und weil sie glauben, die Herrschaft über ihr Pferd dann ganz zu verlieren.

Die Folge solcher Anschauungen ist, daß diese Reiter ihre Pferde mit rückwärts wirkender Hand *zäumen* wollen. Das in der Reitersprache gebräuchliche Wort *Beizäumung* (s. S. 83) läßt auch die Vermutung zu, daß es so gemacht werden könnte. Widersetzt sich das Pferd dann (und mit Recht), so drückt der Reiter etwas stärker oder riegelt mit den Fäusten. Gibt das Pferd dann nach und hängt der Zügel schon einen Augenblick herab, freut sich der Reiter und glaubt, Nachgiebigkeit erzielt zu haben. Er lobt sein Pferd, klopft es, weil er kein Gewicht mehr in der Hand fühlt, vergißt zu treiben und das Pferd an den Zügel heranzudrücken – und der erste Schritt zum *Hinter-dem-Zügel-Gehen* ist getan. Bald entzieht sich das Pferd durch Zurückschnappen und Aufrollen des Halses dem Druck des Zügels immer mehr. Der Reiter hat dies, ohne es zu wollen, seinem Pferd sehr geschickt beigebracht. Dieser Vorgang spielt sich tausendmal ab, viel öfter als man glaubt, und führt ebenso wie zum *Hinter-dem-Zügel* auch zum *falschen Knick*, einem falschen Abkippen des Pferdes im Hals statt im Genick. Für das Auge ist der falsche Knick im Hals leicht erkennbar und sehr häßlich.

Was wird unter In-Haltung-Reiten verstanden?

Die Bezeichnung *In Haltung reiten* hört man sehr oft, ist hier aber absichtlich vermieden worden.
Sie führt zu dem Glauben, daß die Form, in der das Pferd geht, wesentlich sei, daß es eine bestimmte, vorschriftsmäßige, beste Haltung gebe, die man anstreben müsse. Diese Annahme wird durch die Bezeichnung *Beizäumung* unterstützt, die den Anschein erweckt, als ob eine solche beste Haltung in erster Linie in der Haltung von Hals und Kopf zu suchen sei (s. S. 83).
Es ist bereits verschiedentlich darauf hingewiesen worden, daß, wenn von einer Reitkunst mit Harmonie als dem erstrebten Ideal, von der Beherrschung des Pferdes

Das zweite Stadium der Dressur

mit dem geringsten Kraftaufwand und bei der größten Schonung, gesprochen werden soll, sich alle Hilfengebung immer nur an das ganze Pferd zu wenden hat.

Dieser Weg, der theoretisch allgemein als richtig anerkannt wird, wird in der Praxis oft genug verlassen; durch Mittel und Mittelchen glaubt man, den Weg abkürzen zu können. Man glaubt auch oft, durch Arbeit, die sich auf einzelne Teile des Pferdes allein beschränkt, Steifheiten oder Spannungen beseitigen zu können. So wird das Maul bearbeitet durch Abkauenlassen, Genick und Ganaschen durch Abbiegen und Abbrechen; so glauben viele Reiter, auch die einzelnen Beine des Pferdes vornehmen zu können. All diese Wege führen aber leicht dazu, die Grundlinie zu verlassen. Wo aber aus dem Gebäude auch nur ein Stein herausgebrochen ist, kann dieses nicht mehr einwandfrei aufgeführt werden.

Der am häufigsten beschrittene Irrweg ist durch die Worte *in Haltung reiten* und *Beizäumung* gekennzeichnet. Die ursprünglich richtige Bedeutung dieser Begriffe wandelte sich in der Praxis um. Man gewöhnt dem Pferd an, den Hals zu runden. Der höchste Punkt liegt dann nicht mehr im Genick, sondern etwa drei Hände breit weiter zurück. Man zäumt es derart, daß die Stirnlinie hinter die Senkrechte zurückweicht. Das verleiht dem Pferd ein gefälliges Aussehen. Wenn auch nicht schön, so sieht das Pferd doch besser aus, als wenn es direktionslos Hals und Kopf hochnimmt. Es fühlt sich dabei häufig auch ganz wohl, tritt ruhig, wenn auch vielleicht nicht mehr so raumgreifend, aber es hat dabei den Gang verloren.

Solche Pferde sind für ungeübte Reiter in der Bahn und im Freien auf Wegen, die das Pferd gewohnt ist, gar nicht unangenehm zu reiten. Sie haben kein hohes Tempo, weil sie im Gange weniger erhaben treten, werfen dementsprechend wenig, und der Reiter kann auf ihnen bequem sitzen. (Aus dem gleichen Grund bindet man die Anfängerpferde zunächst aus.) Diese Pferde haben meist infolge der Vorbereitungsarbeit auch ein etwas härteres Maul und gestatten dem Reiter, sich hin und wieder an den Zügeln festzuhalten, ohne dies besonders übelzunehmen.

Gehorsam sind derartige Pferde aber nicht, und mehr geschont werden sie auch nicht; denn eine Versammlung ist dabei nicht möglich. Die tiefe Stellung von Hals und Kopf gestattet keine Senkung der Hinterhand und würde, wenn diese gesenkt werden sollte, nur zu einer Aufwölbung des Rückens führen, so daß der Reiter wie auf einer hohen Brücke säße. Die starke Beizäumung verhindert freie Entfaltung der Gänge.

Das Wesentliche aber, worauf es bei solchen Pferden ankommt, ist der Umstand, daß sie nicht richtig an den Hilfen stehen und dem Reiter den Gehorsam verweigern, sobald er etwas verlangt, was sie nicht gewohnt sind. Sie können ihn dadurch in die schlimmsten Verlegenheiten bringen. Dies macht sich dann bemerkbar, wenn er von der Abteilung oder der Gesellschaft, mit der er ritt, wegreiten will. Das Pferd klebt dann, steigt, schlägt aus, läßt sich nicht wenden, kriecht hinter die Zügel oder legt sich dermaßen darauf, daß der Reiter wehrlos ist. Das Pferd setzt seinen Willen dann durch, läuft hinter den anderen Pferden her, jedenfalls aber nicht dahin, wohin der Reiter will. In solchen Augenblicken besinnt sich der Reiter darauf, daß er das Pferd an die Hilfen stellen möchte; dann gibt er dem gutmütigen Pferd die Schuld und schlägt es. Das Pferd weiß aber nicht, weshalb es geschlagen wird, und kann den Reiter beim besten Willen nicht verstehen; es hat nie gelernt, allein zu gehen, der Reiter hat es immer gelobt, wenn es hinter den anderen Pferden herlief und den Hals schön rundete. Sinnlos ist es, das Pferd dann zu spornieren oder, wie man es häufig sieht, im Maule zu reißen.

Diese Art, das Pferd in Haltung zu reiten, zieht also unter Umständen große Schwierigkeiten nach sich, weil die Form zum Selbstzweck geworden war.

Die Unterschiede zwischen dem richtigen An-die-Hilfen-Stellen und dem In-Haltung-Reiten sind aber nicht immer so klar. Jeder Reiter denkt sich etwas bei dem, was er tut, und legt sich das irgendwie zurecht. Dies oder jenes, was ihm unklar oder unerreichbar erscheint, läßt er bei der Dressur fort und begnügt sich oft, ohne darüber nachzudenken, mit einem scheinbar befriedigenden Resultat. Macht er dies bewußt, so ist es noch nicht so gefährlich; oft tut er es aber unbewußt.

Die falschen Wege, die zum In-Haltung-Reiten führen, sollen deshalb auch kurz berührt werden.

Die Vorbereitung wird sehr verschieden gemacht, je nach Veranlagung und Temperament von Reiter, Reitlehrer und Pferd. Man kann das Pferd schon im Ständer ausbinden und abkauen lassen, zunächst weniger stark, allmählich steigernd, wenn schon eine gewisse Rundung des Halses erzielt ist. Man kann das Pferd auch an der Hand arbeiten oder an der Longe, mehr oder weniger ausgebunden. Im Sattel glaubt mancher auch, die Arbeit des An-die-Hilfen-Stellens aus dem Halten beginnen zu sollen, und rundet den Hals, ohne genügend zu treiben. Oft wird solches Abkauenlassen oder Beizäumen, wie es dann unter Mißverstehen des Ausdrucks genannt wird, von einem Gehilfen zu Fuß vorgenommen, ohne daß der Reiter vortreibt. Vielfach wird auch mit Hilfe von Ausbindezügel oder Schlaufzügel versucht, das Pferd im Halten oder Schritt zunächst zu runden; dann trabt man vorsichtig an, um die erzielte Wirkung im Trab beizubehalten. Das Pferd hängt stark an seinen Gewohnheiten und behält diese Haltung willig bei. Die Nase wird in die Tiefe geriegelt (geklingelt), das Maul wird dabei auch unempfindlicher.

Das gutmütige Pferd tut dem findigen Menschen manchen Gefallen, und der Homo sapiens ist noch stolz darauf, daß es ihm gelang, sein Pferd in solch eine schöne Form zu bringen.

Der umgekehrte Fehler: Lange Hälse

Die Angst vor übertriebener Beizäumung, dem *Kniebeln,* veranlaßt manchen Reiter dazu, in den entgegengesetzten Fehler zu verfallen und auf eine ständige Verbindung zwischen Faust und Pferdemaul und damit auf das *An-die-Hilfen-Stellen* zu verzichten.

Es gibt tatsächlich viele Pferde, die sich, wenn sie daran gewöhnt sind, sehr wohl im Gelände scheinbar überall dorthin dirigieren lassen, wohin der Reiter sie haben will. Da diese aber ständig *auf der Vorhand* gehen, werden sie schneller ermüden und naturgemäß auf den Vorderbeinen auch schneller verbraucht sein.

Der Reiter verzichtet damit auf jede Möglichkeit, seinen Willen durchzusetzen, falls er von dem Pferd einmal etwas Ungewöhnliches verlangt (s. Abb. 39 auf S. 81).

Das dritte Stadium der Dressur

Versammlung und Aufrichtung

Die eigentliche Dressurarbeit beginnt erst,

Tafel 5. Olympiasieger Alwin Schockemöhle mit Warwik Rex 1976 in Montreal

Das dritte Stadium der Dressur

Abb. 39. Das Pferd an der Hand. Das Pferd im freien Schritt an der Hand zu beobachten, ist lehrreich. Man hat deutlich das Gefühl, daß der Schwerpunkt der Vorhand näherliegt als der der Hinterhand. Das flache, sehr weite Vortreten der Hinterbeine kann unmöglich Ziel und Aufgabe der Versammlung sein. Durch die Versammlung will man die Hinterhand zur Aufnahme der Last veranlassen, also zu einer anderen Art zu treten, bei der die Gelenke mehr gebogen und die Tritte erhabener, dadurch zugleich kürzer werden

wenn das Pferd durch das *An-die-Hilfen-Stellen* darauf vorbereitet ist, den Hilfen zu gehorchen. Diese Arbeit in ihren Einzelheiten zu beschreiben, geht über den Rahmen dieses Büchleins hinaus. Sie muß jedem Reiter aber hinsichtlich Aufbau und Ziel vertraut sein. Wer das Ziel nicht klar erkannt hat, wird richtige und falsche Wege nicht unterscheiden können.

Die Dressur will Erziehung zum Gehorsam, Steigerung der Leistungsfähigkeit und Wendigkeit. Der Weg geht über die Lektionen bis zu der vollendeten Harmonie zwischen Reiter und Pferd in der Hohen Schule. Die Verbesserung von Durchlässigkeit und Schwung bilden während dieser ganzen Arbeit stets einen Maßstab dafür, ob richtig gearbeitet wurde.

Je höhere Anforderungen der Reiter an die Wendigkeit seines Pferdes stellt, je häufiger und kürzer in voller Harmonie Tempo und Richtung gewechselt werden sollen, desto mehr Bedeutung gewinnt die Beherrschung der Hinterhand des Pferdes, die von Natur dazu berufen und befähigt ist, die größte Kraft zu entfalten. Der Schwerpunkt des Pferdes liegt jedoch infolge der stärkeren Belastung der Vorhand durch Hals und Kopf den Vorderbeinen näher als den Hinterbeinen. Daher leisten normalerweise die Vorderbeine eine mehr tra-

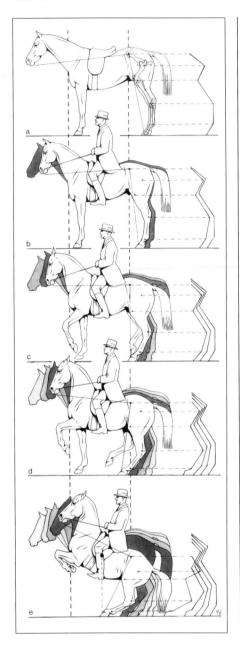

gende, die Hinterbeine eine mehr schiebende Arbeit. Beim Renn- und Springpferd drückt und fällt die Hauptlast des Pferdekörpers auf die Vorderbeine und ebenso beim Wagenpferd, besonders im schweren Zug. Beim Pferd auf dem Acker und vor dem Wagen kann man dies deutlich beobachten.

Beim Dressurpferd dagegen, besonders wenn es sich um Übungen auf dem Gebiete der Hohen Schule handelt, müssen die Hinterbeine nicht so sehr zum Schieben als vielmehr zum Tragen herangezogen und deshalb mehr zum Vortreten unter den Schwerpunkt veranlaßt werden. Man nennt das *Versammeln* oder auch *Versammeln auf der Hinterhand*. Das Prinzip der Versammlung ist aus nebenstehenden Skizzen ersichtlich, die auch erkennen lassen, wie die Hinterbeine entsprechend der Steigerung der Anforderungen mehr unter den Schwerpunkt vortreten, bis schließlich in der Levade die ganze Last allein von den Hinterbeinen getragen wird.

Diese Versammlung wird erzielt teils direkt durch Lektionen, wie Hankenbiegen (s. Abb. 40c), Seitengänge, vor allem *Schulterherein*, teils indirekt durch die ganze Arbeit, der das Pferd unterworfen wird, und durch jede einzelne *halbe Parade*.

Dadurch ergibt es sich allmählich beinahe von selbst, daß das Pferd sich mehr und

Abb. 40 (links). Das Prinzip der Versammlung und Aufrichtung. Das Liniensystem hinter den Pferden veranschaulicht die zunehmende Winkelung und Senkung der Hinterhand
a = An den Hilfen, ohne Versammlung.
b = Versammelt. c = Hankenbiegen. d = Piaffe. e = Levade
Abb. 41 (rechts). Starker Trab. Eva Maria Pracht auf Gemma

Das dritte Stadium der Dressur

mehr von hinten nach vorn zusammenschiebt, die Hinterhand sich senkt und die Hinterbeine fleißiger, energischer unter den Schwerpunkt vortreten. Das ganze Pferd ist nicht nur aufmerksamer, bereit, auf das leiseste Zeichen sofort die größte Kraftentfaltung zu entwickeln, es macht auch einen schöneren und stolzeren Eindruck. Dementsprechend haben die Künstler aller Zeiten solche Haltung bei Darstellung von Pferden bevorzugt, wenn ein repräsentativer, majestätischer Eindruck erweckt werden sollte. Bei Denkmälern erinnern wir an den Parthenon-Fries, den Pergamon-Altar aus dem Altertum, das wunderbare Standbild des Prinz Eugen vor der Hofburg in Wien; bei Gemälden bevorzugten der spanische Hofmaler Velasquez und David, der Darsteller Napoleons, besonders gern die Levade.

Ganz von selbst ergibt sich aus der Senkung der Hinterhand eine Aufrichtung der entlasteten Vorhand. Die Hinterbeine treten erhabener, das heißt höher, dadurch aber auch kürzer (relative Aufrichtung). Man kann daneben aktiv mit den Händen (absolute Aufrichtung) nachhelfen, indem man bei energisch vortreibenden Einwirkungen von Kreuz und Schenkel durch Höherstellen von Hals und Kopf den Schwerpunkt mehr den Hinterbeinen zuschiebt. Wichtig ist dabei, daß die treibenden Einwirkungen hierbei auch wirklich vorherrschend sind, sonst würde ein Durchbiegen des Rückens nach unten (s. Abb. S. 92) die natürliche Folge sein.

Unter *Beizäumung* wird eine stärkere Genick- und Halskrümmung des Pferdes in der Längsrichtung verstanden, die sich von selbst ergibt, wenn das an die Hilfen gestellte Pferd durch halbe Paraden allmählich mehr und mehr versammelt wird. Die Beizäumung ist daher nicht als besondere Lektion zu werten. Sie kann, wenn der Reiter sie aktiv zu erreichen versucht, nur dazu führen, daß das Pferd entweder *auf den*

84 Die Ausbildung des Pferdes

Das dritte Stadium der Dressur

Zügel oder *hinter den Zügel* kommt (s. Abb. S. 66) oder sich *ein falscher Knick* hinter dem dritten Halswirbel bildet.

Auch bei Versammlung und Aufrichtung muß man sich, wie bei dem *An-die-Hilfen-Stellen,* vor dem Fehler hüten, nur das Bild eines versammelten Pferdes vorzutäuschen. Dies geschieht sehr leicht, wenn man auf die Berücksichtigung einzelner Merkmale zuviel Wert legt. Die Versammlung und Aufrichtung nehmen eine längere Zeit in Anspruch, wenn das Pferd nicht Schaden an seiner Gesundheit nehmen soll. Es kann ein bis zwei Jahre dauern, je nachdem bis zu welchem Grad die Dressur gefördert werden soll, auch länger.

Die Hinterhand muß erst zur Aufnahme der Last vorbereitet und gymnastisch durchgebildet und gekräftigt werden. Fügt man infolge Übereilung dem Pferd Schmerzen zu, so ergeben sich Steifheiten, die Überanstrengungen, Dehnungen, Sehnenentzündungen, Gallen, eventuell schwere Lahmheiten und Unbrauchbarkeit nach sich ziehen können.

Alle Kennzeichen, die auf S. 58 für ein *an die Hilfen gestelltes Pferd* angegeben sind, treffen im erhöhten Maß auf ein versammeltes Pferd zu. Darüber hinaus macht das versammelte Pferd aber einen energischeren, fleißigeren und gehorsameren Eindruck. Lebhaft und doch in voller Ruhe führt es alle, auch die schwierigsten Lektionen, mit Schwung, aber in vollster Harmonie mit dem Reiter aus, ohne daß eine Hilfe erkennbar ist.

An der Stellung von Hals und Kopf allein oder gar an der Senkung der Hinterhand wird man selten die Versammlung eines

Abb. 42 (links oben). Mitteltrab. Dr. Reiner Klimke auf Mehmed
Abb. 43 (links unten). Passage. Dr. Josef Neckermann auf Venetia

Pferdes erkennen können. Nur durch eingehende Beobachtungen des Pferdes, während es geritten wird, kann man dies feststellen. Wie aus den Abb. ersichtlich ist, ist die Senkung der Hinterhand im Halten (s. Abb. S. 82) bis zum Hankenbiegen ganz gering, im Gang (s. Abb. 88), selbst bei der Passage so minimal, daß sie nicht leicht wahrgenommen werden kann.

Ein gut gebautes Pferd tritt im freien Schritt mit den Hinterhufen etwa 20 cm weit über die Spuren der Vorderhufe nach vorn hinweg. Das ist beim Führen an der Hand oder auf der Koppel leicht zu beobachten und tritt also ein, wenn das Pferd noch gar nicht versammelt ist. (Vgl. Abb. 81).

Mit zunehmender Versammlung, wenn die Tritte durch die Entlastung der Vorhand erhabener, dafür aber kürzer werden, treten die Hinterbeine nicht mehr über die Spuren der Vorderbeine hinweg. Das ist in Abb. S. 88 kenntlich gemacht. Umgekehrt kann man aber aus diesem Zurückbleiben der Hinterbeine allein nicht etwa den Schluß ziehen, daß eine gute Versammlung erreicht sein muß. Pferde, die ohne Schwung gehen, die verbraucht sind oder deren Rücken nach unten durchgebogen ist, bleiben ebenfalls mit den Hinterbeinen zurück. Es ist immer unvorsichtig, wenn man aus irgendeiner Einzelheit oder nur einigen wenigen Merkmalen ohne weiteres auf das Ganze schließen will.

In flotteren Gängen, beim Mitteltrab und starken Trab, kommt es öfter vor, daß die Pferde mit den *Eisen klappen*. Damit bezeichnet man das Geräusch, das durch das Treten der Hinterhufe gegen die Eisen der Vorderhufe hervorgerufen wird. Dieses und breitspuriges Treten der Hinterbeine sind Anzeichen dafür, daß das Pferd schneller geritten wird, als es entsprechend seiner Vorbereitung zu leisten vermag oder es ermüdet.

Das dritte Stadium der Dressur

Abb. 44 (links oben). Arbeitstrab an den Hilfen ohne Versammlung. Spanische Reitschule Wien, junge Remonte in der Ausbildung.
Man vergleiche die noch schwache Muskulatur dieses jungen Pferdes mit der Muskulatur des fertigen Schulpferdes oben
Abb. 45 (links unten). Versammelter Trab. Alte Remonte der Spanischen Reitschule Wien
Abb. 46 (oben). Piaffe (Hohe Schule). Höchste Versammlung im Trab auf der Stelle. Beachtenswert die Senkung der Hinterhand, die vermehrt unter den Schwerpunkt tritt und die Last aufnimmt. Rosemarie Springer auf Lenard

Gebrauchshaltung

Unter Gebrauchshaltung versteht man den Grad der Versammlung, in dem man das Pferd im Gelände reitet. Jedes Pferd kann in jeder Gangart in mehr oder weniger hoher Versammlung gehen. Je höher die Versammlung ist, desto erhabener sind die Tritte. Sie beanspruchen dann mehr Kraft, sind aber nicht so raumgreifend. Man schont deshalb bei längerem Reiten sein Pferd und kommt schneller vorwärts, wenn man flachere, raumgreifendere Tritte von ihm verlangt. Wenn es notwendig wird, kann man das Pferd wieder etwas mehr versammelt reiten. Über löcherigem, hügeligem Boden, auch in hochstämmigem Walde, versammelt man sein Pferd genau so wie in der Reitbahn.

Dressurhaltung

Unter Dressurhaltung versteht man im Gegensatz zur Gebrauchshaltung eine stärkere Versammlung, ohne daß auch damit

Die Ausbildung des Pferdes

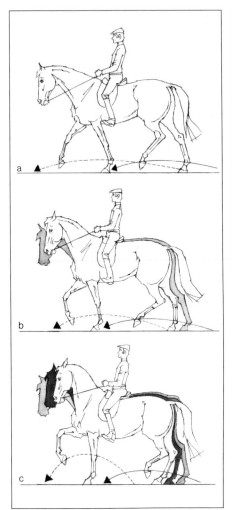

Abb. 47. Bei zunehmender Versammlung im Trab werden die Tritte kürzer, aber erhabener. Schwung und Takt bleiben erhalten.
a = *Arbeitstrab.* b = *Versammelter Trab.*
c = *Passage*

ein bestimmter Grad von Versammlung und Aufrichtung bezeichnet wird.

Gebrauchshaltung und Dressurhaltung sind relative Begriffe, die auch entsprechend dem Gebäude des Pferdes verschiedene Grade der Versammlung bezeichnen. Da die meisten Reiter aber den Grad der Versammlung nicht an dem ganzen Pferd, nicht an der Senkung der Hinterhand und nicht an den Tritten des Pferdes abzulesen vermögen, ist damit meist nur eine stärkere oder geringere Beizäumung des Halses gemeint.

Es gibt geborene Reitpferde mit wunderbarer Halsung und Rückenpartie, die sich zum Dressur- und Schulpferd besonders eignen, bei denen man mit Gebrauchshaltung bezeichnen würde, was man bei schweren Pferden mit kurzen, dicken Hälsen schon Dressurhaltung nennen müßte. Den Unterschied im erhabenen und flacheren Treten bei zunehmender Versammlung zeigt Abb. 40, S. 82.

Selbsthaltung

Unter Selbsthaltung wird in der Reitersprache das scheinbar selbsttätige Festhalten des Pferdes an der ihm vom Reiter gerade vorgeschriebenen Haltung verstanden. Auch dieser Ausdruck bezieht sich demnach keineswegs auf eine bestimmte Höhe oder äußere Form der Haltung. Das an die Hilfen gestellte Pferd gelangt bei fortschreitender Dressur sehr bald zur Selbsthaltung; desto schneller, je feiner abgestimmt die Hilfen des Reiters sind und mit je feineren Zügeleinwirkungen er auskommt.

Der stärkste Gegensatz zur Selbsthaltung wäre es, wenn ein Pferd auf den Zügel drückt. Die Selbsthaltung ist insofern aber tatsächlich nur ein scheinbares Sichselbst-Tragen, weil das in Selbsthaltung gehende Pferd immer noch durch den treibenden Sitz des Reiters und die passive

Das dritte Stadium der Dressur

Hand gearbeitet wird. Sogenannte Selbsthaltung ist nur bei voller Harmonie zwischen Reiter und Pferd richtig vorhanden. Pferde, die hinter dem Zügel gehen, gehen auch in einer Haltung, die man mit Selbsthaltung bezeichnen könnte. Der Schritt vom Richtigen zum Falschen ist an dieser Grenze nur schwer zu erkennen und schwer zu fühlen. Sobald der Reiter nicht mehr in der Lage ist, den Hals des Pferdes zu verlängern, ist dies schon hinter dem Zügel.

In Selbsthaltung gehen nur Pferde, die dank einer richtigen Ausbildung ihre Rücken- und Nackenmuskulatur so entwickelt haben, daß sie sich unter dem Reiter *selbst halten* können. Von jungen Pferden darf man folglich keine Selbsthaltung fordern. Natürlich gibt es Pferde, die als Reitpferde prädestiniert sind, und andere, von denen man das Gegenteil behaupten könnte. Allgemeinhin sind hier der Halsansatz und die Nackenmuskulatur als wichtige Kriterien bekannt. Je besser der Hals durch eine ausgeprägte Muskulatur an Widerrist und Schulter angesetzt (»aufgesetzt«) ist, desto eher kann man von einem geeigneten Reitpferd sprechen. Pferde mit schlecht (tief) angesetzten Hälsen werden nur in seltenen Fällen zu einer Selbsthaltung finden.

Die Lektionen

Mit Lektionen bezeichnet man alle Übungen, die dazu dienen, die Losgelassenheit und den Gehorsam des Pferdes zu fördern. Jede Lektion hilft auch gleichzeitig dem Reiter zur Ausbildung seines Gefühls, mit dem Ziel, seine Einwirkungen so zu verfeinern, daß sie dem beobachtenden Auge kaum mehr wahrnehmbar sind. Man unterscheidet: Lösende Übungen und versammelnde Übungen.

**Lösende Übungen
zur Förderung der Losgelassenheit**

Wenn ein Pferd frisch aus dem Stall kommt, kann es zwar sofort bestiegen und geritten werden, aber höchste Konzentration auf den Willen des Reiters oder Versammlung können nicht von vornherein von ihm verlangt werden. Auch das Pferd bedarf als lebendes Wesen einer kurzen Vorbereitung. Man nennt das *Lösen*.
Je nach dem Temperament und Gebäude des Pferdes wird das Lösen längere oder kürzere Zeit in Anspruch nehmen. Es gibt Pferde, bei denen es fast gar nicht erforderlich ist, und es gibt andere, bei denen es länger als zwei, sogar fünf oder zehn Minuten dauern kann. Zum Lösen sind flottere Gänge im leichten Sitz angebracht.
Beim Leichttraben stützt sich der Reiter in die Bügel und steht beim Abfußen eines diagonalen Beinpaares auf. Er läßt sich beim folgenden Tritt mit angezogenem Kreuz weich wieder auf den Sattel nieder, um sofort wieder aufzustehen. Er berührt jedesmal den Sattel gleichzeitig mit dem Auffußen des rechten oder linken Hinterfußes. Man sagt, daß der Reiter auf dem rechten oder linken Hinterfuß trabt. In der Bahn soll der Reiter stets auf dem inwendigen Hinterfuß traben; beim Changieren muß er deshalb den Fuß, auf dem er trabt, wechseln.
Die treibenden Einwirkungen von Kreuz und Schenkeln müssen beim Leichttraben ebenso zum Ausdruck kommen wie beim Aussitzen. Falsch ist es, wenn sich der Reiter beim Leichttraben vornüberlegt, im Glauben, die Kreuzeinwirkung aufgeben zu sollen.
Pferde, die sich schwer loslassen, lösen sich am besten im Mittelgalopp, beim Arbeiten über Cavalettis oder über niedrige Sprünge. Temperamentvolle Pferde, die sich hierbei aufregen, sollte man einer ruhigen, systematischen Biegearbeit unterziehen (s. S. 63, 96, 115). Sobald sich das Pferd durch halbe Paraden sauber an die Hilfen stellen läßt, hat der Reiter mit den lösenden Übungen seinen Zweck erreicht.

Versammelnde Übungen zur Förderung des Gehorsams

Unter *versammelnden Übungen* versteht man alle Lektionen, die dazu geeignet sind, die Tätigkeit der Hinterhand anzuregen, die Hinterbeine mehr zum Vortreten unter den Schwerpunkt und zum Tragen der Last zu veranlassen, wie etwa die Paraden und das Schulterherein. Das Entscheidende dabei ist aber, die Lektionen auch wirklich mit Kreuz und Schenkel auszuführen.

Der Anfänger wird dieser Forderung erst später nachkommen können, doch führt der Weg nur über die folgend angeführten Lektionen, die ihm zunächst zeigen, wie sein Pferd überhaupt reagiert. Durch sie wird er das Zusammenspiel der Einwirkungen erlernen und allmählich erkennen, wodurch eine Versammlung zu erreichen ist.

Die Hilfen zum Anreiten, Antraben und die Paraden

Die Hilfen zum Anreiten, Antraben und die Paraden sollten nie gesondert voneinander besprochen werden, da sie innerlich zusammengehören. Sie bestehen gleichzeitig aus:
Anspannen des Kreuzes;
beiderseitigem, gleichmäßigem Schenkeldruck;
Nachgeben – passivem Verhalten – oder Annehmen der Zügel.

Das Verhalten mit den Zügeln ist demnach das regulierende Moment. Die Hilfe zum Anreiten verhält sich zum Parieren etwa so wie die Hilfe zum Linkswenden. Anreiten, Antraben und Parieren sollen genau in der Bewegungsrichtung geradeaus vor sich gehen. Beide Schenkel und beide Zügel wirken dementsprechend gleichmäßig. Wirkt nur ein Schenkel oder ein Zügel anders als der andere, würde eine Schiefe entstehen, ein Abweichen von der Geradeausrichtung die Folge sein. Umgekehrt kann eventuell ein stärkerer Druck des einen oder anderen Zügels oder Schenkels notwendig sein, wenn bei einer Schiefe des Pferdes ein Abweichen von der Geradeausrichtung verhindert werden muß. Der Reiter soll stets darauf achten, daß Anreiten, Antraben oder Parieren genau geradeaus erfolgen.

Anreiten und Antraben lernt der Reiter schon in den ersten Reitstunden. Während er in diesen aber noch einer Unterstützung mit Gerte oder Stimme bedarf, um das Pferd zum Vorwärtsgehen zu veranlassen, fühlt er bald, daß es eines geringeren Nachdrucks bedarf, wenn er gelernt hat, sein Kreuz zur Einwirkung zu bringen. Später ist das Antraben aus dem Halten eine besonders lehrreiche Lektion, weil sie dem Gefühl einen wichtigen Grundsatz einprägt: daß man sein Pferd nie mit einer Hilfe überfallen soll, sondern daß jede Hilfe mit ständig wachsendem Nachdruck zu geben ist. Wirkt man gleich von Anfang an zu kräftig, so galoppiert das Pferd meist an, statt anzutraben.

Schwerer als das Anreiten und Antraben ist das Parieren zu lernen. Das durch die Kreuzmuskulatur und Schenkel vorwärts getriebene Pferd stößt sich an dem passiven Zügel, selbst wenn dieser nicht rückwärts wirkt, nur allein deshalb, weil das Pferd vermehrt vorgedrückt wird und der Zügel nicht nachgibt. Dementsprechend nimmt das Pferd sich vermehrt auf, schiebt mehr Gewicht der Hinterhand zu, das Pferd wird hinten tiefer und vorn höher, verkürzt dabei das Tempo und tritt erhabener.

Für den jungen Reiter besteht die Schwierigkeit darin, daß er in den ersten Reitstunden meist bereits etwas Falsches hat lernen müssen, nämlich sein Pferd durch Ziehen am Zügel zu parieren, weil er die Einwirkung des Kreuzes noch nicht kannte und

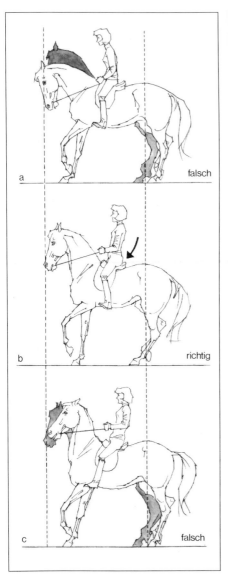

Abb. 48. Ganze Parade. Vergleiche Abbildungen 29 und 12.
a = Mit tiefer Faust auf die Vorhand.
b = Mit Kreuz und beiden Schenkeln.

weil er, wenn er zur richtigen Ausführung der Parade unter Anwendung von Kreuz und Schenkel aufgefordert worden wäre, er eine solche Parade doch nicht hätte geben können. Wenn sich der Reiter aber erst daran gewöhnt hat, Parade durch Ziehen am Zügel zu geben, ist es später selbstverständlich schwer, sich dies wieder abzugewöhnen. Er sieht zunächst den Grund, weshalb er die Parade jetzt nicht mehr so, sondern anders geben soll, nicht ein.

Es ist auch paradox, eine Bewegung durch die treibende, das heißt vorwärts wirkende Kraft aufzuhalten. Würde man dies aber nicht tun, das soll sich der Reiter immer wieder vor Augen halten, dann würde man gerade gegen den Hauptleitsatz der gesamten Reitkunst verstoßen: Man würde sich nicht an das ganze Pferd, sondern nur an das Maul wenden. Bei gutmütigen alten Pferden hat man sicher auch Erfolg; bei jungen oder heftigen Pferden, und wenn man das Pferd überhaupt restlos beherrschen möchte, da das Pferd doch stärker als der Mensch ist, wird man auf diese Weise niemals zum Erfolg kommen. Das Pferd wird sich Kopfschlagen angewöhnen, auf die Zügel legen, wird stets, wenn es pariert, nur auf der Vorhand parieren, die Vorderbeine dagegen stemmen und damit die Gelenke schneller abnutzen, also Schaden nehmen, unter Umständen durchgehen.

Wichtig ist es deshalb, daß der junge Reiter möglichst frühzeitig die richtige Ausführung der Parade mit Anziehen des Kreuzes und Schenkeleinwirkung verstehen lernt und vornimmt. Der Reiter sollte deshalb von der ersten Reitstunde an schon dazu angehalten werden, sein Pferd nach der Parade nicht zurücktreten zu lassen. Das tut jedes Pferd gern, vor allem wenn die Pa-

c = Ohne Schenkel über den Rücken hinweg

Die Hilfen zum Anreiten, Antraben und die Paraden

rade nur mit Zügelanzug erfolgte, aber auch dann, wenn der Reiter nach erfolgter Parade befriedigt die Schenkel wegstreckt. Man unterscheidet zwischen ganzen und halben Paraden. Die ganze Parade dient dazu, das Pferd zum Halten zu bringen, gleichgültig, aus welcher Gangart, während die halbe Parade nur eine Verkürzung des Tempos* innerhalb der Gangart oder den Übergang zum Schritt nach sich zieht. Man nennt aber auch eine entsprechende Einwirkung, die innerhalb derselben Gangart nicht eine Verkürzung des Tempos, sondern nur eine erhöhte Versammlung des Pferdes, ein erhabeneres Treten nach sich zieht, eine halbe Parade.

Geht eine halbe Parade nicht durch, wird sie also vom Pferd nicht befolgt oder nicht in genügendem Maße befolgt, so wird sie wiederholt. Ebenso wird eine ganze Parade selten sofort zum völligen Stillstehen des Pferdes führen und muß so oft wiederholt werden, bis sie zum Erfolg geführt hat. Da der Nachdruck, mit dem eine ganze oder eine halbe Parade gegeben werden muß, sich nach der Empfindlichkeit des Pferdes richtet, besteht hinsichtlich der Ausführung zwischen der halben und der ganzen Parade keinerlei Unterschied.

Es ist klar, daß der Nachdruck, mit dem eine ganze Parade gegeben werden muß, um aus dem starken Trab zum Halten zu kommen, größer – vielleicht sagt man besser *häufiger* – sein muß, als der Nachdruck der halben Parade, um das Pferd aus dem Mitteltrab in den versammelten Trab überzuführen. Andererseits ist der Nachdruck bei der halben Parade beim Übergang vom starken Trab zum Schritt stärker oder besser gesagt häufiger notwendig als bei der

---

* Unter Tempo versteht man das Zurücklegen einer gewissen Entfernung in einer bestimmten Zeit (Geschwindigkeit). Bei allen Tempo-Unterschieden muß der Takt der gleiche bleiben.

ganzen Parade aus dem Schritt zum Halten. Man sollte eine halbe Parade jedesmal dann geben, bevor man von dem Pferde etwas Neues verlangt, bevor man die Richtung, in der geritten wird, ändert oder das Tempo. Es ist, als ob man dem Pferde damit zurufen wollte: »Achtung, paß auf!«, und alle diese halben Paraden werden auf dieselbe Art gegeben: durch Herantreiben von hinten nach vorn an die aushaltende Hand. Je häufiger man seinem Pferde eine halbe Parade gibt, desto aufmerksamer wird das Pferd auf den Reiter achten, desto besser wird der Reiter sein Pferd bei jedem Tritt in der Gewalt haben. Der Reiter wird allmählich dazu kommen, die Ausführung immer feiner und feiner gestalten zu können, bis er nur noch an die halbe Parade zu denken braucht, als Reflex dabei seine Kreuzmuskulatur anspannt, und schon ist das Pferd aufmerksamer geworden.

Der junge Reiter soll sich nicht einbilden, daß man zu einer solchen Beherrschung seines Körpers und des Pferdes durch einige wenige Übungen gelangen kann. Es ist das wie bei einem Geduldsspiel, das tage-, wochen-, monate- und jahrelang fortgeübt werden muß, bis man zur Vollendung kommt. Je sauberer und gefühlvoller und feiner man die halbe Parade ausführen kann, desto inniger wird die Harmonie zwischen Reiter und Pferd, desto vollendeter werden auch die ganzen Paraden durchgehen. Gleichzeitig verbessert sich der Sitz des Reiters, er wird immer mehr in die Bewegung des Pferdes eingehen, die ganze Hilfengebung wird rein gefühlsmäßig und ist für den Zuschauer mit den Augen gar nicht wahrnehmbar.

Rückwärtsrichten

Die Hilfe zum Rückwärtsrichten entspricht der Hilfe zum Anreiten, Antraben und der

Die Lektionen

Rückwärtsrichten

Parade (s. S. 91). Kreuz und beide Schenkel drücken das Pferd vor, die Zügel wirken dem aber entgegen und veranlassen das Pferd, in dem Moment, in dem es bereit ist, geradeaus anzutreten, nicht vorwärts, sondern rückwärtszutreten. Ein Ziehen am Zügel ohne Schenkeleinwirkung ist falsch. Man soll nicht am Maul ziehen, sondern das ganze Pferd zum Rückwärtstreten veranlassen.

Tritt das Pferd bei Anwendung der Hilfe nicht zurück, so steht es nicht an den Hilfen und muß vorwärts erst an die Hilfen gestellt werden. Jedes Rückwärtsrichten wird deshalb auch erst mit einer halben Parade eingeleitet.

Man soll sich vor dem Rückwärtsrichten immer genau darüber klar sein, wie viele Tritte man rückwärtsrichten will, also entweder ein, zwei, drei oder vier Tritte. Man soll dann aber auch nur so viele Tritte rückwärts herauslassen, wie man sich vorgenommen hatte. Der Reiter, der dies nicht tut, hat meist nicht nur vergessen, das Rückwärtsrichten durch seine treibenden Einwirkungen zu begrenzen, sondern ist auch ins Ziehen am Zügel verfallen.

Das Pferd, das richtig an den Hilfen rückwärtsgerichtet wird, widersetzt sich dem weder durch Kopfschlagen noch durch Höher- oder Tieferstellen des Kopfes, noch durch Druck auf das Gebiß, noch durch

Abb. 49 (links oben). Schritt »am Zügel«. Im reinen Schritt fußen die Hufe des Pferdes diagonal nacheinander auf: hinten rechts, vorn rechts, hinten links, vorn links (Viertakt)

Abb. 50 (links unten). Schritt »am langen Zügel« ist ein Kriterium für Losgelassenheit und Anlehnung. Nicht zu verwechseln mit dem Schritt »am hingegebenen Zügel«, wobei das Pferd völlige Zügelfreiheit hat

Seitwärtsausweichen mit der Hinterhand. Treten solche Erscheinungen auf, so hat der Reiter den Beweis, daß seine Einwirkungen nicht gefühlvoll und in richtiger Übereinstimmung gegeben wurden oder sein Pferd nicht an den Hilfen stand.

Besonders lehrreich ist es, im Anschluß an die letzten Tritte zurück sofort vorwärtszureiten, ohne erst zu halten.

Rückwärtsrichten ist die schwerste, aber auch die untrüglichste Probe auf Übereinstimmung zwischen treibenden und verhaltenden Einwirkungen. Rückwärtsrichten sollte man deshalb auch erst versuchen, wenn man davon überzeugt ist, daß man Paraden richtig zu geben gelernt hat.

Schritt und Trab

Über die Fußfolge im Schritt und im Trab wird im Unterricht im allgemeinen genügend gesagt. Nur so viel muß hier wiederholt werden, daß jeder Reiter sich in jedem Augenblick bewußt sein sollte, daß er niemals schlechthin Schritt oder schlechthin Trab reitet, sondern immer ein bestimmtes Tempo bei gleichbleibendem Takt*.

Wir unterscheiden beim Schritt: den freien Schritt *mit hingegebenem Zügel* oder den Schritt *am Zügel* oder *am langen Zügel*.

Hierbei differenzieren wir: Mittelschritt, versammelter Schritt, starker Schritt.

Im Trab unterscheiden wir: Arbeitstrab, versammelter Trab, Mitteltrab und starker Trab.

Je häufiger der Reiter das Tempo wechselt, desto besser. Um so öfter wird er sich daran

---

* Jede Gangart hat ihren Takt. Hierunter versteht man die gleichmäßige Zeitfolge der Tritte bzw. Sprünge ungeachtet des Tempos.

Das *versammelte* Tempo wird häufig auch *verkürztes* Tempo genannt. Dies ist aber falsch, da das Verkürzen allein zu schleppenden, müden Tritten führt. In der Versammlung sollen die Tritte jedoch lebhaft und erhaben (kadenziert) sein.

Abb. 51. Rückwärtsrichten. Beim Rückwärtsrichten fußt das Pferd diagonal gleichzeitig auf. Hier ist die Diagonale rechts hinten – links vorn im Begriff abzufußen (Zweitakt)

erinnern, daß er ein bestimmtes Trabtempo einzuhalten hat und nicht in eine undefinierbare Gangart verfallen darf, die ihm das Pferd gerade anbietet. Verlangsamt das Pferd allmählich seine Tritte, so ist es immer Schuld des Reiters, weil er eingeschlafen ist.

Hierbei kann der Reiter seinen Betätigungsdrang und seine Energie zeigen, indem er vorwärtsreitet und seinem Pferd immer das Tempo durch Treiben vorschreibt. Es wird manchem guten Reiter der Vorwurf gemacht, daß er energielos reitet. Gemeint ist damit oft, daß er zuviel mit der Hand nachgibt. Der Vorwurf ist nur berechtigt, wenn der Reiter dabei auch das Treiben vergessen hat. Treibt der Reiter aber genug – das tun allerdings die wenigsten Reiter –, dann ist sein Reiten sicher nicht energielos. Nicht im *Rückwärts*, sondern im *Vorwärts* zeigt sich die Energie!

Reiten in Stellung

Man sagt, daß ein Pferd geradeaus gestellt ist, wenn seine Wirbelsäule vom Genick bis zum Schweif eine gerade Linie bildet. Ist die Wirbelsäule aber seitwärts gekrümmt, so spricht man von Stellung. Man nennt es Linksstellung, wenn der Mittelpunkt des Kreises, der zu dem Bogen gehören würde, links liegt, und Rechtsstellung, wenn der Mittelpunkt rechts liegt. Die Seite, auf der der Mittelpunkt liegt, bezeichnet man als

Tafel 6. Für die Vielseitigkeit prädestiniert: Der Trakehner Hengst Habicht mit Martin Plewa

Reiten in Stellung

die innere, unabhängig davon, ob diese Seite dem Inneren der Bahn zugewendet ist oder nicht. Die innere Seite eines Pferdes kann also beispielsweise, wenn es auf der linken Hand geritten wird, links liegen. Ist das Pferd aber auf der linken Hand rechts eingestellt, liegt die innere Seite rechts.

Die seitliche Biegung, die in einem gleichmäßigen Bogen durch das ganze Pferd gehen soll, beginnt im Genick und setzt sich in Hals und Rückgrat fort. Das Höchstmaß der zu fordernden Biegung entspricht der Anpassung des Pferdes an die Kreisbiegung der Volte von sechs Schritt Durchmesser. Ein Pferd kann auch schief oder unharmonisch und in der S-Form derart gestellt bzw. gebogen sein, daß die Krümmung nicht in einem gleichmäßigen Bogen vom Genick bis zum Schweif verläuft.

Eine gleichmäßig seitliche Biegung kann nur der Reiter erzielen, der sein Pferd vorher an die Hilfen gestellt hat.

Es wird viel zu viel gebogen und in Stellung gearbeitet. Der Zweck des Reitens ist meist, vorwärtszukommen; es sollte daher auf die Geradeausrichtung mehr Wert gelegt werden. Vor allem sollten junge Reiter dazu angehalten werden, geradeauszureiten und ihr Gefühl dafür auszubilden, ob das Pferd wirklich genau geradeausgestellt ist.

Bei jeder Wendung und im Galopp kann das Pferd nicht mehr genau geradeausgestellt bleiben; daher muß sich jeder Reiter früher oder später auch mit dem Reiten in Stellung vertraut machen (s. S. 36 in Abb. 18).

Die Lektion, ein Pferd richtig zu stellen, ist aber verhältnismäßig kompliziert, weil der Reiter mit Kreuz, Gewicht, beiden Schenkeln und beiden Zügeln gleichzeitig einwirken muß, und dabei rechts und links unterschiedlich. Er muß an seine Gesäßknochen und Hüften, an seine Knie und Ab-

sätze denken, er soll sein Gewicht verlegen und darf nicht mit den Hüften einknicken. Sein Pferd richtig zu stellen, wird der Reiter demnach nicht so bald lernen. Erst wenn er die Übereinstimmung seiner Einwirkungen bei Wendungen auf der Stelle (Vorhand- und Hinterhand-Wendung) ausprobiert hat, wird er in der Lage sein, sein Pferd wirklich richtig zu stellen. Gefühl für die Einwirkungen kann man sich nur mit der Zeit aneignen, auch wenn man theoretisch schon verstanden hat, worauf es ankommt. Der innere Schenkel bildet den festen Stützpunkt, den Drehpunkt. Wenn er dementsprechend auch nur passiv, verwahrend wirkt, so darf er doch nicht fortgestreckt werden; fehlt er, so ist es nicht möglich, das Pferd zu stellen. Alle anderen Einwirkungen führen dann nur dazu, daß das Pferd zur Seite tritt.

1. Phase. Das Pferd bekommt eine Halbe Parade.
2. Phase. Es wird um den inneren Schenkel als festen Stützpunkt gebogen. Hierzu wird der Schwerpunkt nach innen ver-

Abb. 52. Hilfe zum Rechtsstellen. Die drei Phasen gehen beinahe vollkommen ineinander über

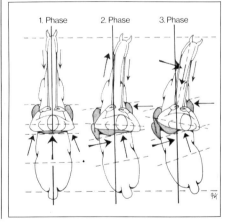

legt. Innere Hüfte und innerer Gesäßknochen werden vorgedrückt. Innerer Absatz und inneres Knie werden gesenkt. Der äußere Schenkel drückt die Hinterhand nach innen. Der innere Zügel wird eine Kleinigkeit angenommen. Der äußere Zügel gibt zunächst nach. Das an die Hilfen gestellte Pferd macht dementsprechend die äußere Seite des Halses lang, um die Verbindung mit der Reiterfaust zu halten. Dieses Vorgehen des äußeren Zügels wird schon allein dadurch bewirkt, daß die Schultern des Reiters, ohne daß die Bewegung sich auf die Hüften übertragen darf, eine Kleinigkeit nach innen drehen. Die Faust kann auch durch Drehung des Handgelenkes, wobei der kleine Finger in Richtung auf das Pferdemaul vorgeht, etwas nachgeben.

3. Phase. Sobald eine geringe Stellung erreicht ist, wird der äußere Zügel ebenfalls angenommen. Er wirkt nun, da der Hals bereits gekrümmt ist, beim Annehmen in Richtung der Sehne des Kreisbogens, also die Stellung verstärkend, und drückt dabei gleichzeitig gegen den gekrümmten Hals. Ein Hinüberdrücken der Faust über den Widerrist ist fehlerhaft. Kreuz, Gewicht, beide Schenkel und der inneren Zügel wirken wie bisher.

Die wichtigste Einwirkung ist die Gewichtsverlegung, ebenso wie der Radfahrer eine Kurve mehr durch Gewichtsverlegung als durch Lenken mit der Lenkstange nimmt. Würde sie nicht erfolgen, so wäre die ganze Bewegung nicht harmonisch. Denn der Reiter muß seinen Schwerpunkt stets in Übereinstimmung mit dem des Pferdes halten. Verlangt er vom Pferd, daß es sich in seiner ganzen Länge biegt, so muß der Schwerpunkt des Pferdes nach innen verlegt werden. Rundet sich aber das Pferd um den inneren Schenkel, muß der Reiter notwendigerweise auch dementsprechend sitzen, das heißt Gesäßknochen und Hüfte vorgedrückt und damit den inneren Schenkel dicht am Gurt, den äußeren Schenkel etwa eine Handbreit hinter den Gurt zurücknehmen.

Es ist schwer zu sagen, ob bei der Einwirkung der Zügel zunächst dem Verlängern des äußeren oder dem Verkürzen des inneren Zügels eine größere Bedeutung in Phase 2 zukommt. Dies wird auch unterschiedlich sein, je nach dem Gerittensein und der Empfindlichkeit des Pferdes. Jedenfalls kann der Reiter keineswegs dadurch, daß er immer nur die innere Faust einschraubt, eine saubere Stellung des Pferdes nach dieser Seite hin erzielen. Früher oder später wird sich jedes Pferd gegen solche Einwirkung wehren. Bei jungen und bei heftigen Pferden ist das Vorgehen der äußeren Faust sicher wichtiger als das Annehmen des inneren Zügels.

Wenn erst eine gewisse Stellung nach innen erreicht ist, wirken beide Zügel annehmend, Phase 3, der äußere aber stärker als der innere. Während der innere nur weich für die Beibehaltung der Verbindung und Weichheit sorgt, gibt der äußere Zügel dem Pferd die Haltung, verstärkt und verengt die Stellung. Verwerfungen im Hals oder Widerstand, überhaupt Störungen und Ungezogenheiten, können durch einen zu starken Gebrauch des inneren Zügels leichter auftreten als durch einen zu starken Gebrauch des äußeren. Verwirft sich ein Pferd im Hals oder Genick oder verweigert es die Stellung, drängt es vor und zurück, schlägt es mit dem Kopf oder drängt es in die Bahn, so muß der Reiter vorwärtsreiten und das Pferd an die Hilfen stellen.

Die Selbstkontrolle ist beim Reiten in Stellung schwieriger als bei den meisten übrigen Lektionen. Selbst wenn Spiegel in der

Reitbahn angebracht sind, werden viele Reiter doch durch Übertreibungen im Sitz und durch Einknicken in der Hüfte Fehler machen. Erst wenn der Reiter sich praktisch der Stellung des Pferdes bedient bei Zirkellinien, Volten, Schlangenlinien und beim Galopp sowie bei den Wendungen auf der Stelle, vor allem der Hinterhandwendung, hat er die Möglichkeit, die saubere Stellung und sein Gefühl dafür zu überprüfen.

Es wird häufig fälschlicherweise empfohlen, zum Reiten in Stellung die äußere Schulter zurückzunehmen. Das wird deshalb geraten, weil viele Menschen so steif sind, daß, wenn sie die äußere Schulter zurücknehmen, sie gleichzeitig auch die äußere Hüfte zurücknehmen. Aber die äußere Hüfte soll nicht zurückgenommen, sondern die innere Hüfte soll vorgenommen werden, und das ist nicht dasselbe. Außerdem kann jeder Mensch Hüfte und Schulter unabhängig voneinander bewegen und sollte beim Reiten so losgelassen sein, daß er es auch tut. Ist der Reiter aber schon steif, soll man ihn nicht künstlich noch steifer machen. Die äußere Schulter soll aber gerade beim Reiten in Stellung nicht zurück, sondern eine Kleinigkeit vorgenommen werden. Der Reiter behält damit den Hals des Pferdes gerade vor sich, senkrecht zur Schulterlinie. (Vgl. Abb. 56 auf der Seite 104).

Mit *Konterstellung* bezeichnet man die Stellung des Pferdes, die der Bewegung entgegengesetzt ist, also Linksstellung auf der rechten Hand und umgekehrt. Eine *Konterlektion* ist eine Übung in *Konterstellung*. Das Reiten in Konterstellung und jede Konterlektion sind besonders lehrreich, weil sie der Gewohnheit des Pferdes widersprechen. Der Reiter wird dadurch gezwungen, die unterschiedlichen Einwirkungen in noch sauberer Übereinstimmung zu geben und sein Fühlen auf den erforderlichen Nachdruck der einzelnen Einwirkungen noch mehr zu konzentrieren, weil ihn das Pferd bei der Ausführung der Lektion nicht unterstützt und nicht schon bei der ersten Andeutung die Lektion gewohnheitsmäßig ausführt.

Die Wendungen auf der Stelle

Die Wendungen auf der Stelle sind unentbehrlich als Vorübungen für das Reiten in Stellung, für Wendung, Zirkel, Volten und Angaloppieren. Nur im Halten kann der junge Reiter die Einwirkungen lernen, die rechts und links unterschiedlich gegeben werden müssen, weil er im Gange zunächst immer noch mit der Balance, also mit Sitzschwierigkeiten, zu kämpfen hat. Bei den Wendungen auf der Stelle kann er sich darauf konzentrieren, in welcher Weise er seine Einwirkungen gibt, mit welchem Nachdruck, und ob und wie das Pferd darauf reagiert. Mit diesen Übungen wird deshalb schon in den Ruhepausen der ersten Reitstunde begonnen. Hat der Reiter erst ein Gefühl für diese einseitigen Einwirkungen, dann kann er später auch sein Pferd richtig stellen.

Zum richtigen Einüben bei den Wendungen auf der Stelle gehört aber vor allem, daß sie trittweise derart eingeübt werden, daß der Reiter nach jedem einzelnen Tritt eine Pause macht und sich darüber Rechenschaft gibt, ob der vorangegangene Tritt richtig oder falsch war. Nur so wird das Gefühl ausgebildet. Nur dann wird sich der Reiter darüber klar, ob er mit seinen Einwirkungen den gewünschten Erfolg gehabt hat, ob er sie mit dem erforderlichen Nachdruck und übereinstimmend gegeben hat oder nicht. Glaubt man aber, bei einer solchen Wendung auf der Stelle mehrere Tritte hintereinander ausführen zu können, so verpaßt man die beste Gelegenheit, sich Gefühl anzueignen und wird deshalb eine richtige Ausführung der Wendung im Gange nie erreichen.

Bei den Wendungen auf der Stelle unterscheidet man die Wendung auf der Vorhand und die Wendung auf der Hinterhand. Allgemein wird aber vor allem die Hinterhandwendung als schwierig angesehen. Sie wird deshalb gefürchtet und oft zu wenig geübt. Vor allem wird zu spät mit ihrer Einübung begonnen. Ist der Reiter aber nicht in der Lage, einwandfrei beide Wendungen auf der Stelle auszuführen, dann kann er sicher noch viel weniger im Gange eine richtige Volte reiten oder sein Pferd zum Angaloppieren richtig stellen.

Die Wendungen auf der Vorhand

Bei der Wendung auf der Vorhand soll sich das Pferd um einen Vorderfuß drehen, und zwar bei rechtsum um den rechten, bei linksum um den linken. Die Wendung wird mit entsprechender Stellung des Pferdes, also bei rechtsum mit Rechtsstellung (s. Abb. 53), geritten. Für die Bearbeitung des Pferdes gilt die Wendung auf der Vorhand als wenig wertvoll, weil sie die Hinterhand entlastet und das Pferd mehr auf die Vorhand bringt. Andererseits kann man sein Pferd dadurch auf Schenkelgehorsam prüfen oder es zum Schenkelgehorsam anhalten.

Für den jungen Reiter ist die Vorhandwendung aber eine Grundübung, ein unerläßliches Hilfsmittel zur Ausbildung des Gefühls und eine gute Vorbereitung für die Hinterhandwendung. Nicht erforderlich ist es dabei, daß das Pferd immer ganz herumgedreht wird. Lehrreich ist es sicher, wenn nach zwei, höchstens drei Tritten das Pferd auch einmal wieder zurück auf den Hufschlag gestellt wird. Jede Vorhandwendung

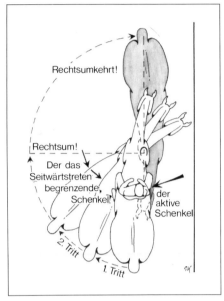

Abb. 53. Wendung auf der Vorhand

beginnt damit, daß der Reiter seinem Pferd eine halbe Parade gibt, damit macht er es aufmerksam und korrigiert außerdem seinen eigenen Sitz. Dann sollte er sein Pferd nach der Seite der Wendung stellen. Dies wird vor allem in der ersten Zeit Schwierigkeiten machen, denn gerade die Wendungen auf der Stelle sollen dem Reiter erst das Gefühl dafür vermitteln, wie er sein Pferd stellen kann. Dann drückt der Reiter mit dem inneren Schenkel dicht hinter dem Gurt die Hinterhand um einen Tritt zur Seite. Der äußere Schenkel, der verwahrend etwa eine Handbreit hinter dem Gurt liegt, fängt den Tritt auf und begrenzt die Seitwärtsbewegung. Nach jedem Tritt soll das Pferd ruhig stehen, zwischen beiden Schenkeln und Zügeln eingeschlossen.

Erst wenn der Reiter sich klar darüber geworden ist, ob die Ausführung des Trittes richtig war und seine Einwirkungen über-

Die Wendungen auf der Stelle

einstimmend und mit dem nötigen Nachdruck gegeben wurden, darf er den nächsten Tritt veranlassen.

Bei der *Wendung auf der Vorhand mit entgegengesetzter Kopfstellung* wird das Pferd umgekehrt nach der Seite gestellt, nach der es mit den Hinterbeinen treten soll. Das Herumtreten wird jetzt durch den äußeren, etwa eine Handbreit hinter dem Gurt liegenden Schenkel veranlaßt. Jeder Tritt wird durch den inneren Schenkel aufgefangen. Diese Lektion gehört nicht zu den Grundübungen, die der junge Reiter unbedingt beherrschen muß. Sie dient vielmehr dem Fortgeschrittenen zum Erlernen des Reitens in Konterstellung, welches in einer Dressurprüfung der Klasse L bereits verlangt wird.

Viele Reiter wirken unwillkürlich dabei auch mit den Händen. Ein Zurückkriechen des Pferdes, Kopfschlagen und andere Ungezogenheiten lassen das erkennen. Das Pferd darf weder vor- noch zurückkriechen; tritt es vor, muß es pariert werden, kriecht es zurück, so muß der Reiter es mit Kreuz und beiden Schenkeln vordrücken, damit es wieder ruhig auf seiner Stelle steht.

Lehrreich für den Reiter ist an der Vorhandwendung, daß er nicht etwa nur mit dem einen Schenkel ein Seitwärtstreten veranlaßt, sondern daß er mit beiden Schenkeln ungleichmäßig auf sein Pferd einwirkt. Die Seitwärtsbewegung, die der eine Schenkel veranlaßt, soll der andere begrenzen. Ebenso wie er sie begrenzt und auffängt, kann er sie aber auch verhindern, durch Gegendruck aufheben. In solchem Gegeneinanderspiel der Kräfte bildet sich Gefühl.

Dadurch wird gleichzeitig die Schenkellage verbessert. Nur wenn die Schenkel wirklich am Pferde liegen, ist es möglich, die Vorhandwendung auszuführen. Wer nicht gefühlt hat, welche Wirkung der Schenkeldruck ausübt, und wer diese Probe nicht öfter wiederholt, kann kein Gefühl für seine Schenkellage haben. Wer aber sein Gefühl durch häufige Übung so weit verfeinert hat, daß er nicht nur fühlt, daß der Tritt zur Ausführung gelangt, sondern schon, wenn das Pferd sich zu einem Tritt anschickt, der hat damit auch das Mittel, seine Schenkellage zu kontrollieren. Er kann das Gefühl dafür verfeinern und braucht sich nicht mehr von anderen bestätigen zu lassen, ob seine Schenkel richtig liegen oder nicht. Darauf allein beruht schon die Bedeutung der Vorhandwendung für die Ausbildung des Reiters.

Die Wendungen auf der Hinterhand

Bei der Wendung auf der Hinterhand soll sich das Pferd um den inneren Hinterfuß drehen. Die Wendung wird stets mit entsprechender Stellung (bei rechtsum mit Rechts-, bei linksum mit Linksstellung) geritten. Für die Bearbeitung des Pferdes ist die Wendung auf der Hinterhand als Vorübung zum Eckenpassieren, zur Kurzkehrtwendung, zum Versammeln und für Seitengänge lehrreich – für den Reiter ist sie zur Ausbildung seines Gefühls und der Übereinstimmung seiner einseitigen Einwirkungen unerläßlich.

Die ersten drei Tritte der Wendung sind leichter auszuführen als die folgenden. Das liegt daran, daß das Pferd während der ersten drei Tritte ohne Schwierigkeit den inneren Hinterfuß stehen lassen kann; hat es sich aber schon so weit gedreht, daß es etwa ein Drittel der Wendung ausgeführt hat, hat es das Bedürfnis, den inneren Hinterfuß, der infolge der Drehung unbequem steht, zurechtzustellen, also zur Seite, vor oder zurück. Dementsprechend wird der Reiter die ersten drei Tritte leichter richtig

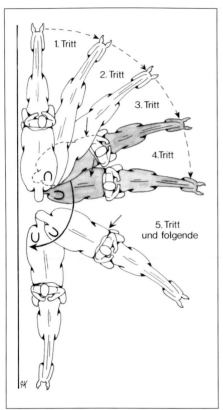

Abb. 54. *Wendung auf der Hinterhand.*
Die kritischen Momente sind gerastert

ausführen können, und man wird gut tun, ihn in der ersten Zeit auch nur ein, zwei oder drei Tritte trittweise üben zu lassen. Das Pferd wird dann nach diesen ersten Tritten trittweise durch eine Hinterhandwendung nach der umgekehrten Richtung wieder auf den Hufschlag zurückgeführt.

Die Vorbereitung beginnt mit einer halben Parade genau in der Geradeausrichtung, danach wird das Pferd gestellt. Bei Beginn der eigentlichen Hinterhandwendung sitzt der Reiter bereits entsprechend der Stellung des Pferdes mit dem Gewicht nach innen, mit vorgenommenem inneren Gesäßknochen,

– den inneren Schenkel am Gurt, den äußeren etwa eine Handbreit hinter dem Gurt.

Äußerer Zügel und äußerer Schenkel veranlassen durch vermehrten Druck das Pferd, herumzutreten.

Der innere Zügel sorgt nur für Weichheit und dafür, daß die Stellung erhalten bleibt.

Der innere Schenkel begrenzt den Tritt, er sorgt also dafür, daß das Pferd nicht zwei oder mehr Tritte macht, sondern nur einen.

Nach jedem Tritt soll das Pferd ruhig stehen, zwischen beiden Schenkeln eingeschlossen. Erst wenn der Reiter sich darüber klar geworden ist, ob die Ausführung des Trittes richtig war und seine Einwirkungen übereinstimmend und mit dem nötigen Nachdruck gegeben wurden, darf er den nächsten Tritt veranlassen. Tritt das Pferd vor oder kriecht es zurück (der schlimmere Fehler), schlägt es mit dem Kopf oder zeigt es sonst irgendwie Unwillen, so hat es der Reiter mit irgendwelchen Einwirkungen unabsichtlich gestört. Falsch ist es, wenn man glaubte, durch Wegstrecken der Schenkel oder Hingeben der Zügel das Pferd beruhigen zu können. Mit dem Kreuz und beiden Schenkeln wird das Pferd wieder an die Hilfen gestellt. Erst wenn es vollkommen ruhig steht und richtig gestellt ist, darf der nächste Tritt veranlaßt werden. Kriecht das Pferd während der Wendung zurück, kann es notwendig werden, daß der Reiter seine Bemühungen unterbricht und anreitet. Der Reiter muß ein Gefühl dafür bekommen, wie wichtig das Vorwärts auch hierbei unter allen Umständen ist.

Hat der Reiter sein Gefühl so weit ausgebildet, daß er sein Pferd drei Tritte um die Hinterhand richtig zu wenden und wieder

Die Wendungen auf der Stelle

zurückzuwenden versteht, so sollte man daran gehen, ihn auch die folgenden Tritte ausführen zu lassen. Der äußere Schenkel muß bei den folgenden Tritten noch kräftiger als bisher wirken, weil das Pferd meist nach dem dritten oder vierten Tritt mit der Hinterhand nach der äußeren Seite wegtreten will. Der innere Schenkel muß hierbei zulassen, daß das Pferd mit der Hinterhand nach der Seite der Wendung zu allmählich herumtritt, wie dies auf der Abb. 54 durch den langen Pfeil angedeutet ist.

Aber auch dann hat der innere Schenkel noch jeden einzelnen Tritt aufzufangen und zu begrenzen; das Pferd soll sich also auch nach dem vierten Tritt keineswegs langsam gleichmäßig herumdrehen, sondern auch dann tritt nach jedem einzelnen Tritt eine kurze Pause ein.

Falsch ist es, wenn man sich einbildet, durch die Einwirkung des inneren Zügels das Pferd herumführen zu können.

Ist die Wendung mit beiden Schenkeln und Zügeln vollständig ausgeführt, so wird das Pferd wieder geradeaus auf den Hufschlag gestellt. Auch dabei darf es keinesfalls zurückkriechen.

Lehrreich ist auch die Entwicklung der Hinterhandwendung aus dem Schritt. Wenn der Reiter sein Pferd im Halten noch nicht an die Hilfen zu stellen vermag, nimmt er den Drang nach vorn aus der Bewegung mit und entwickelt den ersten Tritt mit der ganzen Parade und der Stellung des Pferdes zugleich. Dazu muß er aber die einseitigen Einwirkungen schon einigermaßen beherrschen und seine Parade auch wirklich schon mit Kreuz und Schenkeln geben können.

Richtig beherrscht der Reiter die Hinterhandwendung erst, wenn er in der Lage ist, sie an jeder beliebigen Stelle der Bahn, also auch im Innern, ohne Anlehnung an den Hufschlag oder die Bande, richtig durchzuführen. Kann er das, dann hat er schon so viel Gefühl, daß er nun auch in der Lage sein wird, Wendungen im Gange richtig zu reiten, sein Pferd richtig zu stellen und richtig anzugaloppieren.

Die Wendungen im Gang

Mit Wendungen im Gang bezeichnet man

Abb 55. Wendung im Gang. Um die Zeichnung klarer zu machen, ist das Hineinlegen des Pferdes in die Wendung (Zentrifugalkraft) fortgelassen (s. S.36)

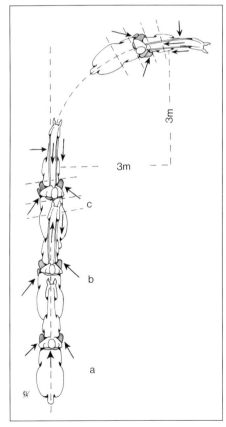

jede Richtungsveränderung (rechtsum, linksum, halbrechtsum, halblinksum) Eckenpassieren, Reiten auf der Zirkellinie, Volten und Schlangenlinien.

Eine richtige Wendung im Gang kann der Reiter nur dann ausführen, wenn er ein Gefühl für die Übereinstimmung und den richtigen Nachdruck seiner einseitigen Einwirkungen durch Wendungen im Halten sich erworben hat.

In der ersten Zeit seiner Ausbildung wendet das gutmütige, ausgebundene Pferd, auf dem der Reiter balancieren lernt, von allein. Dabei hat der Reiter Gefühl dafür bekommen, daß zum Eckenpassieren auch eine Gewichtsverlegung nach innen gehört, um nicht nach außen herunterzurutschen. Genau wie beim Radfahren wird beim Reiten jede Wendung in erster Linie durch Gewichtsverlegung nach innen ausgeführt. Eingeleitet wird jede Wendung im Gang durch eine halbe Parade. Dadurch versichert sich der Reiter der Aufmerksamkeit seines Pferdes und korrigiert seinen eigenen Sitz. Dann wird das Pferd nach der betreffenden Seite gestellt; dadurch verlegt der Reiter bereits seinen Schwerpunkt nach innen, hat den inneren Schenkel am, den äußeren hinter dem Gurt.

Erst wenn das Pferd nach der Seite gestellt ist, nach der es gewendet werden soll, be-

Abb. 56 (oben). Versammelter Trab in der Linkswendung. Leichte Stellung nach innen; rechter (äußerer) Schenkel verhindert das Ausfallen der Hinterhand; linker (innerer) Schenkel regt den gleichseitigen Hinterfuß zum energischen Vortritt an. Dr. Josef Neckermann auf Antoinette

Abb. 57 (unten). Rechtswendung im Parcours. Hans Günter Winkler. Pferd rechts gestellt. Einwirkungen des Reiters im Prinzip wie Abbildung 56

Die Wendungen im Gang

ginnt die Hilfe zum Wenden.
Der innere Zügel führt in die Wendung hinein, sorgt für Weichheit und Stellung. Äußerer Zügel und äußerer Schenkel bewirken, wie bei der Hinterhandwendung, das Abweichen von der Geradeausrichtung, bestimmen die Enge des Bogens und verhindern ein Ausfallen der Schulter (Vorhand) oder der Kruppe (Hinterhand). Der innere Schenkel hält durch vermehrtes Treiben den inneren Hinterfuß heran.
Beide Schenkel und beide Zügel treten aktiv in Tätigkeit, unterschiedlich mit verschiedenem Nachdruck je nach Bedarf und Empfindlichkeit des Pferdes. Wenn die Wendung richtig geritten wird, folgen die Hinterbeine genau den Spuren der Vorderbeine, wie auf der Abb. 55. Auf geharktem Boden kann der Reiter sich leicht selbst davon überzeugen, ob er eine solche Wendung geritten hat.
Durch alle möglichen Eindrücke, die nicht nur vom Reiter beeinflußt zu sein brauchen, kann das Pferd aber veranlaßt werden, nach außen oder nach innen zu drängen.
Auf dem Viereck will das Pferd meistens die Ecken mehr abrunden; dementsprechend wird der Reiter den inneren Schenkel stärker wirken lassen müssen, um das Pferd tiefer in die Ecke hineinzudrücken.

Abb. 58 (oben). Oberbereiter Lindenbauer in der Pirouette links. Pferd wendet im versammelten Galopp um die Hinterhand bei deutlicher Linksstellung. Tiefe Hankenbeugung, reiner Takt und gleichmäßig bleibende Fußfolge sind erforderlich
Abb. 59 (unten). Im Parcours geht es um Sekunden. Wendungen müssen Maßarbeit sein. Man beachte hier das tiefe Unterspringen der Hinterfüße. Nelson Pessoa (Brasilien) auf Gran Geste (Einwirkungen wie Abb. 58).

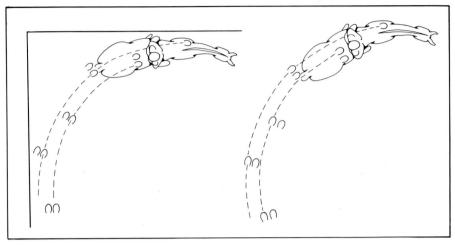

Abb. 60. Wendungen im Gang.
Links = Mit etwas zu starker Einwirkung des inneren Schenkels (der kleinere Fehler bei Anlehnung an eine Bande). Rechts = Mit etwas zu starker Einwirkung des äußeren Schenkels (der kleinere Fehler ohne Anlehnung an eine Bande)

Andererseits kann das Pferd auch nach außen drängen. Hier müssen äußerer Schenkel und äußerer Zügel entgegenwirken. Eine sehr lehrreiche Übung hierfür ist das Reiten auf dem Zirkel, wobei die Hinterhand abwechselnd einmal nach außen herausgestellt und das andere Mal nach innen hereingestellt wird. Die Vorhand bleibt in jedem Fall auf dem Hufschlag des Zirkels. Diese Übung sollte nur im Schritt und in kurzen Reprisen geritten werden.

Viel zu früh bildet sich der Reiter meist ein, daß er Wendungen im Gange richtig reitet. Eine Volte richtig zu reiten, das heißt Vor- und Hinterhand auf einem Hufschlag, ist sehr schwer und verlangt ein sehr feines Gefühl für Nachdruck und Übereinstimmung der Einwirkungen. Wer davon überzeugt ist, daß er soviel Gefühl bereits hat, sollte sich kontrollieren, ob er wirklich an derselben Stelle eine Volte oder gar zwei Volten auf einem Hufschlag zu reiten in der Lage ist. Wenn er die Probe auf geharktem Boden ausführt, wird er erstaunt sein, welches Resultat ihm die Hufspuren anzeigen. Um sein Gefühl dafür auszubilden, ist es erforderlich, daß man sich nicht nur bemüht, Volten auf einem Hufschlag zu reiten, sondern auch mit herausgestellter und hereingestellter Hinterhand, und dies nicht etwa immer nur auf demselben, sondern auf verschiedenen Pferden.

Nach jeder Wendung im Gang muß das Pferd geradeausgestellt werden.

Beim *Wechseln aus den Zirkeln* wird das Pferd kurz vor der Mitte der Bahn geradeausgestellt und beim Übergang auf den anderen Zirkel neugestellt.

Das *Wechseln durch den Zirkel* (s. Abb. S. 122) sollte immer so geritten werden, daß der Reiter in Richtung auf die geschlossene (nicht auf die offene) Seite des Zirkels wechselt. Kurz bevor er hierbei an die Mitte des Zirkels gelangt, ist das Pferd geradeauszustellen. Die Einhaltung der angegebenen Hufschlagfigur ist wichtig, aber nicht

Die Wendungen im Gang

aus formalen Gründen. Zwingt sich der Reiter nicht selbst, beide Bogen der Changierungslinie durch den Zirkel gleich groß als halbe Kreisbogen zu reiten, dann gibt er auch keine richtige Hilfe zum Wenden. Seinen Willen zur Wendung wird er dem Pferde nur dann eindeutig mitteilen, wenn er genau weiß, welche Linie er einhalten will.

Ebenso sauber wie das Pferd beim Wechseln *aus* und *durch den Zirkel* umgestellt werden muß, ist es notwendig, daß es bei der Ausführung der *Schlangenlinien* bei jedem neuen Bogen geradeaus- und dann erst neugestellt wird. Die Stellung soll jedesmal vom Genick bis zum Schweif durch das ganze Pferd gehen; darin liegt das Lehrreiche der Schlangenlinie für Reiter und Pferd.

Kurz-Kehrt-Wendung

Unter Kurz-Kehrt-Wendung versteht man eine in der Bewegung fließend ausgeführte Wendung um die Hinterhand. Während bei der Hinterhandwendung das Pferd vor und nach dieser Lektion hält, behält es bei der Kurz-Kehrt-Wendung seine Gangart bei. Die Lektion wird im Schritt und im Galopp geritten. Im Trab pariert man das Pferd kurz zum Schritt, führt unmittelbar nach der Parade die Wendung im Schritt aus und trabt danach sofort wieder an.

Die Kurz-Kehrt-Wendung wird zunächst im Schritt geübt. Ähnlich wie man beim Einüben der Hinterhandwendung versucht hat, gewissermaßen aus dem Schritt gleichzeitig mit der Parade zum Halten das Pferd zu stellen und den ersten Tritt der Wendung zu entwickeln, muß man auch hier beim Kurz-Kehrt verfahren. Die Hilfen sind dieselben, nur muß darauf geachtet werden, daß die Bewegung im Fluß bleibt und beide Hinterfüße eifrig im Takt derjenigen Gangart weitertreten, mit der die Wendung geritten werden soll.

Als Vorübung hierzu kann auch die Kehrtwendung im Gange angesehen werden. Sie beginnt mit einer halben Volte. Nach Beendigung der halben Volte reitet man schräg auf den Hufschlag. Bei fortgeschrittenem Dressurgrad ist es für Reiter und Pferd lehrreich, diese Kehrtwendung im Gange mit verengendem äußeren Schenkel zu reiten. Dies ist vor allem wichtig und lehrreich bei Kehrtwendungen im Galopp. Eine so geritttene Kehrtwendung im Galopp ist die beste Vorübung für die Kurz-Kehrt-Wendung im Galopp, woraus später die Pirouette entwickelt wird (s. Abb. 105). Das Bestreben, Kurz-Kehrt-Wendungen fließend auszuführen, darf nicht dazu verleiten, sie durch Ziehen am Zügel möglichst schnell beenden zu wollen. Nicht die Schnelligkeit des Herumwerfens, sondern die Korrektheit der Tritte bei Beibehaltung des Taktes ist wesentlich. Pferde, die nicht an den Hilfen stehen, werden sich der Ausführung immer widersetzen und durch Kopfschlagen, Zurückkriechen oder Steigen ihren Unwillen zu erkennen geben.

Zirkel verkleinern und Zirkel vergrößern

Zirkel verkleinern und *Zirkel vergrößern* sind Wendungen im Gange, die den Zweck haben, Reiter und Pferd mit den die Wendung verengernden oder erweiternden Einwirkungen vertraut zu machen. Das Pferd bewegt sich hierbei, stets parallel zum Hufschlag des Zirkels bleibend, auf einer Schneckenlinie nach innen bis zur Volte und von dieser wieder nach außen bis zum Zirkel. Das Pferd bleibt in jedem Fall nach innen gestellt.

Beim Zirkelverkleinern wird die Vorhand vor allem durch Einwirkung des äußeren Zügels und die Hinterhand mit dem äußeren Schenkel nach innen gedrückt. Der innere Zügel sorgt nur für Weichheit und Stellung.

Auch beim Zirkelvergrößern geht das Pferd in erster Linie am äußeren Zügel, während vor allem der innere Schenkel das Pferd allmählich wieder nach außen drückt. Falsch wäre es, wenn der Reiter zum Vergrößern des Zirkels mit dem inneren Zügel über den Widerrist des Pferdes nach außen drücken wollte.

Beide Übungen sind für den jungen Reiter schwierig und sollten nicht zu frühzeitig begonnen werden. Der Reiter muß schon einen gefestigten geraden Sitz und Gefühl für Übereinstimmung seiner Einwirkungen haben. Eine lehrreiche Vorübung ist das Reiten auf dem Zirkel mit herausgestellter oder hereingestellter Hinterhand (s. Abb. 60 auf S. 106).

Angaloppieren

Der Galopp hat einen Dreitakt*. Man unterscheidet Rechts- und Linksgalopp. Beim Rechtsgalopp greift das rechte (Abb. 62, Phase b), beim Linksgalopp das linke Beinpaar weiter vor.

Man läßt den jungen Reiter schon meist in den ersten Reitstunden galoppieren, um ihm bei der schnelleren Vorwärtsbewegung mehr Freude am Reiten zu machen und ihm beim Eckenpassieren das Gefühl für die Balance zu geben. Dabei wird auf richtiges Angaloppieren zunächst kein Wert gelegt. Die Pferde springen meist auf den Zuruf des Reitlehrers, dem aufmunternden Ton der Stimme gehorchend, an. Im Galopp richtig zu sitzen und richtig in die Galoppbewegung einzugehen, lernt der Reiter erst

---

* Man hört bei jedem Galoppsprung das Pferd dreimal auffußen. (Der Trab hat einen Zweitakt, ebenso das korrekte Rückwärtsrichten. Der Schritt hat einen Viertakt.)

mit dem Angaloppieren, ebenso wie er das richtige Eingehen in die Trabbewegung des Pferdes erst mit dem Kreuzanziehen, dem Anreiten und den Paraden lernt.

Zum Angaloppieren gehört als erstes nicht nur eine halbe Parade, um das Pferd aufmerksam zu machen, sondern es muß auch noch rechts oder links gestellt werden, je nachdem, ob der Reiter rechts oder links angaloppieren will. Hierüber darf vor dem Angaloppieren kein Zweifel bestehen, weil die Hilfe sich danach richten muß.

Die eigentliche Hilfe zum Angaloppieren beginnt also nicht aus dem geraden Sitz, sondern aus dem Sitz, den der Reiter einnehmen mußte, als er sein Pferd rechts oder links stellte. Die innere Hüfte ist demnach bereits vorgenommen, der innere Schenkel liegt am, der äußere etwa eine Handbreit hinter dem Gurt. Würde der Reiter jetzt mit Kreuz und beiden Schenkeln gleichmäßig das Pferd vorwärtsdrücken bei nachgebendem Zügel, dann würde das Pferd in Rechts- oder Linksstellung antraben.

Um das rechts oder links gestellte Pferd aber nicht in den Trab, sondern in den Galopp zu versetzen, muß die Fußfolge zum Angaloppieren geändert werden. Dies geschieht in erster Linie durch energisches Vordrücken des inneren Gesäßknochens und durch einseitiges Anspannen der Kreuzmuskulatur. In Verbindung damit drücken beide Schenkel das Pferd vorwärts (der innere am Gurt, der äußere etwa eine Handbreit hinter dem Gurt), vor allem aber der innere. Beide Zügel müssen gleichmäßig nachgeben, um die Bewegung nach vorwärts herauszulassen. Der Druck auf die innere Seite kann aber noch dadurch verstärkt werden, daß der äußere Zügel eine Kleinigkeit verhält.

Das Entscheidende ist demnach die einseitige Kreuzeinwirkung. Bei vorgeschrittenem Dressurgrad ist diese allein als Hilfe

Angaloppieren

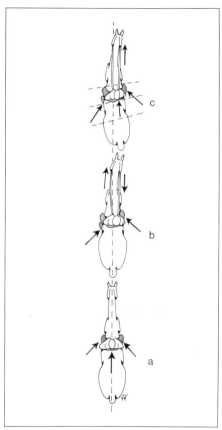

*Abb. 61. Rechts angaloppieren.
a = Einwirkung mit beiden Schenkeln und Kreuz, halbe Parade. b = Pferd rechts gestellt, rechter Schenkel treibend am Gurt, linker Schenkel verwahrend hinter dem Gurt. c = Angaloppieren*

schon ausreichend, nicht nur, um das Angaloppieren zu erzielen, sondern auch um das Pferd während des Galopps zum Wechseln vom Rechtsgalopp in den Linksgalopp oder umgekehrt zu veranlassen. Da aber jede Kreuzhilfe ohne Unterstützung der Schenkel undenkbar ist, ist hier der Übergang von einer gröberen zu einer verfeinerten Hilfengebung kaum zu beobachten.

Angaloppieren wird sehr unterschiedlich gelehrt. Man kann auch unter Zuhilfenahme der Peitsche und sogar nur mit der Stimme durch Zuruf oder Zungenschlag das Pferd zum Angaloppieren bringen. Häufig wird auch gesagt, man soll das Pferd nach außen stellen, damit es innen mehr Schulterfreiheit hat. Dadurch würde es in S-Form gebogen werden. Es wird auch empfohlen, nur mit Hilfe des äußeren Schenkels anzugaloppieren; solche Ratschläge führen auf Irrwege.

Richtig galoppiert an, wer in voller Harmonie entsprechend der Bewegung des Pferdes sitzt. Jeder Zweifel darüber, ob der Reiter so sitzt, kann durch Selbstkontrolle behoben werden. Wer nicht fühlt, wenn sein Pferd im falschen Galopp anspringt, hat den untrüglichen Beweis, daß er nicht richtig saß. Das bedarf näherer Erläuterung.

Das ausgebildete Pferd stellt sich beim Rechtsgalopp rechts, beim Linksgalopp links. Es greift nicht nur das innere Beinpaar weiter vor, sondern der gesamte Muskelapparat, auch der des gebogenen Rückens, arbeitet dementsprechend. Ist der Reiter bestrebt, in diese Bewegungen einzugehen und am Sattel zu kleben, wie er das im Trab gelernt hat, muß er den inneren Gesäßknochen und die Hüfte durch einseitiges Kreuzanziehen vordrücken. Wer das kann, sitzt (klebt) im Sattel genau so fest wie beim Trab.

Drückt der Reiter nun beim Angaloppieren die innere Seite vor, während das Pferd umgekehrt angaloppiert, sitzt der Reiter nicht mehr entsprechend der Bewegung des Pferdes und kann also auch nicht mehr am Sattel kleben. Ein falsches Angaloppieren des Pferdes muß der Reiter demnach im Gesäß dadurch fühlen, daß das Pferd ihn

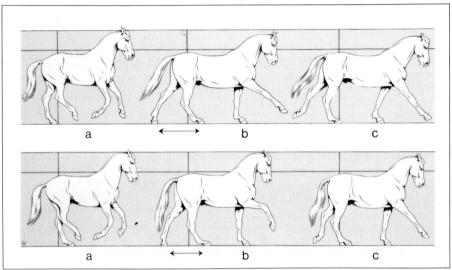

Abb. 62. Phasen des Rechtsgalopps. Oben = Mittelgalopp. Unten = versammelter Galopp. Der Buchstabe f kennzeichnet die Phase des freien Schwebens. Die Bande (durchgehende Linie) ist in beiden Folgen gleich hoch über dem Hufschlag

umgekehrt setzen will, wie er selbst sitzen möchte.* Während er die rechte Hüfte und den rechten Gesäßknochen verschieben will, schiebt ihm das Pferd die linke Hüfte und den linken Gesäßknochen vor. Diese drehende Bewegung unter dem Gesäß muß er fühlen, weil sie ihn daran hindert, am Sattel zu kleben. Wenn der Reiter erst gelernt hat, hierauf zu achten, wird sich sein Gefühl hierfür sehr schnell ausbilden.

---

* Wenn Christian Morgenstern ein guter Reiter gewesen wäre, hätte er sicher in seinem berühmten Gedicht »Der Aesthet« gesagt:
Sitzen kann ich leider nicht
Wie mein Sitz-Geist döchte,
Sondern wie mein Sitzfleisch muß,
Weil das Pferd so möchte. –

Hat er gelernt, richtig anzugaloppieren, dann kann er auch abwechselnd rechts und links angaloppieren und seinem Pferd richtiges Angaloppieren beibringen.

Das Angaloppieren erfolgt am besten aus dem Schritt, aus der Volte oder vor einer Ecke der Bahn, so lange, bis der Reiter vollkommene Sicherheit erreicht hat. Im Schritt kann er sich leichter zurechtsetzen, und in der Wendung springt jedes Pferd entsprechend der Stellung leichter richtig an.

Mit fortschreitender Ausbildung sollte darauf gehalten werden, daß die Hinterhand des Pferdes vor dem Angaloppieren nicht zu weit nach innen gestellt wird und das Pferd möglichst auf einem Hufschlag angaloppiert.

Der Galopp

Man reitet nie schlechthin Galopp, sondern Arbeitsgalopp, versammelten Galopp, Mittelgalopp oder starken Galopp. Die Unterschiede in den Tempi sollte jeder

Der Galopp

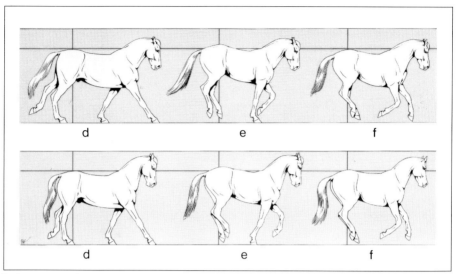

Reiter genau einhalten und durch häufigen Tempowechsel sich selbst daran erinnern, nicht in ein undefinierbares Galopptempo zu verfallen.

Das Pferd fühlt sich im Galopp ganz anders als im Trab, weil der Galopp eine Art Sprungbewegung ist mit anders gearteter Fußfolge. Reiter, die im Trab gut in die Bewegung des Pferdes einzugehen verstehen, müssen das Mitgehen im Galopp erst besonders ausfühlen. Es gibt viele Reiter, die das eine wohl, das andere aber nicht können. Das Kleben am Sattel im Galopp hängt mit der Art des Angaloppierens zusammen und ist nur durch richtiges Angaloppieren zu lernen. Auch sonst ist es für den Reiter wesentlich, sich ein Gefühl für die Bewegung des Pferdes im Galopp anzueignen.

Die Auf- und Abwärtsbewegung von Vorhand und Hinterhand im Galopp macht der Reiter unwillkürlich mit. Wenn das Pferd in der ersten Phase vorn am höchsten ist, neigt sich der Reiter etwas nach vorn und lüftet meist dabei das Gesäß. Das sollte er aber nicht. Wenn das Pferd in der dritten Phase vorn am tiefsten ist, sitzt der Reiter leicht hintenübergeneigt*.

Je schneller ein Pferd galoppiert, desto schneller werden nicht nur die Bewegungen, desto raumgreifender werden auch die einzelnen Sprünge. Je kürzere Wendungen man im Galopp reiten will, je mehr man sein Pferd in der Hand haben will, desto sicherer muß man das Pferd an den Hilfen haben, desto versammelter muß der Galopp sein, desto mehr muß die Hinterhand zum Tragen der Körperlast herangeholt werden. Auch beim versammelten Galopp ist die Hinterhand gesenkt und die Vorderhand relativ aufgerichtet. Von einem »verkürzten« Galopp spricht man, wenn der Reiter fälschlicherweise sein Pferd nicht

---

* Photographieren sollte man Reiter und Pferd im Galopp immer in der zweiten Phase der Galoppbewegung, in der drei Beine gleichzeitig den Boden berühren. In diesem Augenblick sitzt der Reiter meist am besten, weder vor- noch zurückgeneigt. Durch Beobachten und Mitzählen kann man sich das Gefühl für das Abpassen des richtigen Augenblicks aneignen.

Der Galopp

Abb. 63 (links oben). Arbeitsgalopp auf der linken Hand mit hingegebenem Zügel ohne Versammlung. Irmgard von Opel auf Arnim
Abb. 64 (links unten). Natürliche Aufrichtung, schöne Selbsthaltung des Pferdes, Vorwärtssitz (Halbsitz) des Reiters. Englischer Hunter, der hier von einem Richter geritten wird
Abb. 65 (oben). Vergleichsweise unnatürliche Aufrichtung des Pferdes (falsch)

versammelt, sondern vorwiegend durch Einwirkung mit den Zügeln das Tempo einfängt. Das Pferd galoppiert dann nicht »rund«, sondern schleppt mit der Hinterhand nach, wodurch auch Taktfehler oft die Folge sind.
Man versammelt das Pferd im Galopp durch halbe Paraden wie im Trab. Am besten lernt der junge Reiter dies, wenn er sich zunächst einmal daran gewöhnt hat, die Versammlung im Galopp durch häufiges Angaloppieren zu erzielen. Beim Anspringen aus dem Schritt kommt der erste Galoppsprung meist erhaben heraus, die Versammlung geht aber schon beim zweiten oder dritten Galoppsprung verloren. Beim Anspringen gab der Reiter die Hilfe zum Angaloppieren; daß er diese aber zu jedem weiteren Galoppsprung zu erneuern hat, muß der Reiter erst lernen. Genau wie man aber im Trab durch das gleiche Kreuzanziehen treibt und pariert und versammelt und am Sattel klebt, genau so treibt der Reiter, pariert er, versammelt und klebt er am Sattel auch im Galopp nur durch die bei jedem Galoppsprung sich wiederholende Hilfe zum Angaloppieren. Diese wird bei fortschreitender Dressur immer feiner, bis

allein das einseitige Kreuzanziehen schließlich genügt.

Es gibt viele Reiter, die im Trab am Sattel kleben und ihr Pferd auch an die Hilfen zu stellen verstehen. Sie haben aber nie gelernt, daß die einseitige Kreuzeinwirkung im Galopp genau die gleiche Rolle spielt wie beim Traben das beiderseitige Kreuzanziehen.

Abbiegen und Abbrechen

Zur Ausbildung des Pferdes gehören *Abbiegen* und *Abbrechen*. Dies darf deshalb hier nicht unerwähnt bleiben, weil die Frage, was man darunter versteht, früher oder später an jeden Reiter herantritt.

Zur gymnastischen Durchbildung des Pferdes ist es selbstverständlich, daß, wie der Mensch durch Freiübungen seine Gelenke lockern und seine Muskeln zur Losgelassenheit bringt, auch das Pferd durch ähnliche Übungen gelockerter und losgelassener werden kann. Beide Lektionen dienen aber gleichzeitig als Vorstufe zu den Seitengängen, als Vorbereitung zum *Schulterherein* (s. S. 118 und Abb. S. 37).

Beim *Abbiegen* ist das Pferd in seiner ganzen Länge ebenso gebogen wie beim Gehen in Stellung (s. Abb. S. 116 und 117), aber nur die Vorhand ist etwas vom Hufschlag abgestellt, während die Hinterhand auf diesem geradeaus weitergehen soll, so daß der *innere* Hinterfuß zwischen die Spuren der beiden Vorderfüße tritt (während beim Reiten in Stellung der *äußere* Hinterfuß zwischen die Spuren der beiden Vorderfüße tritt).

Beim *Schulterherein* (auf den gleichen

Abb. 66. Dr. Reiner Klimke auf Dux. Die weit unter den Schwerpunkt hebelnde Hinterhand ermöglicht Schwung, Selbsthaltung und Aufrichtung (s. a. Abb. 62 a)

Skizzen) ist das Pferd wie beim *Abbiegen* gestellt, nur stärker in den Rippen gebogen und weiter abgestellt vom Hufschlag, so daß der innere Hinterfuß dem äußeren Vorderfuß folgt.

Beim *Abbrechen* wird der Hals und Kopf des Pferdes etwas mehr herumgenommen als beim Abbiegen.

Man kann beides im Halten und auch im Gange vornehmen. Die Einwirkungen, die dazu führen, sind dieselben, wie sie beim Reiten in Stellung beschrieben wurden. Junge Reiter sollten solche Übungen nicht ausführen, sondern sich mit dem Reiten in Stellung begnügen. Der Fehler, nur Hals und Kopf herumzuziehen, liegt zu nahe.

Das gleiche gilt für das *Abbrechen*. Hierunter versteht man das Herumnehmen des Kopfes nach der einen oder anderen Seite zur Lockerung der Kaumuskeln sowie zur Förderung der Nachgiebigkeit in Genick und Ganaschen. Der geschickte Ausbilder hat hierbei darauf zu achten, daß die Ohren

Folgende Doppelseite:
Abb. 67 (oben). Reiten in Stellung und auf zwei Hufschlägen. Im Schulterherein ist eine stärkere Abstellung von der Bande als die angegebene nicht möglich, weil das Pferd in den Rippen nicht noch mehr gebogen werden kann. Der äußere Schenkel wirkt mit besonderem Nachdruck, weil sonst die Hinterhand ausfallen und seitwärts treten würde wie beim Schenkelweichen
Abb. 68 (unten). Reiten in Stellung und auf zwei Hufschlägen. Jeder Reiter reitet genau auf den Betrachter zu. Alle scheinen gerade zu sitzen, sitzen aber etwas nach innen geneigt ohne eingeknickte Hüften. Die Pferde gehen zwar gebogen, in erster Linie aber geradeaus, nicht seitwärts. Schwung und Gang sollen gefördert werden. Gehen sie verloren, ist die Arbeit falsch

Die Lektionen

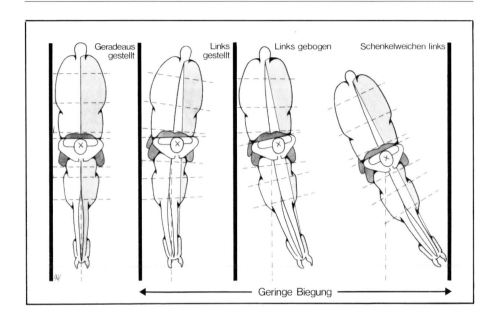

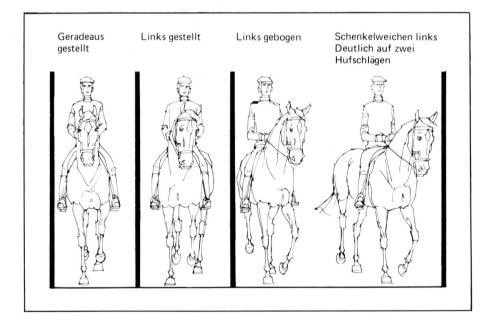

Das Reiten auf zwei Hufschlägen

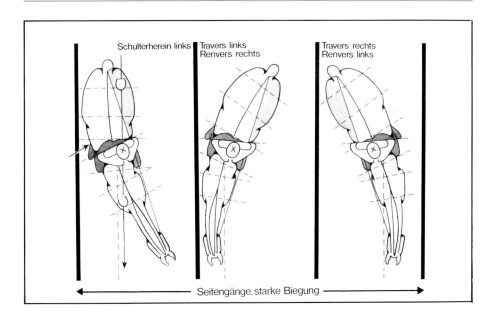

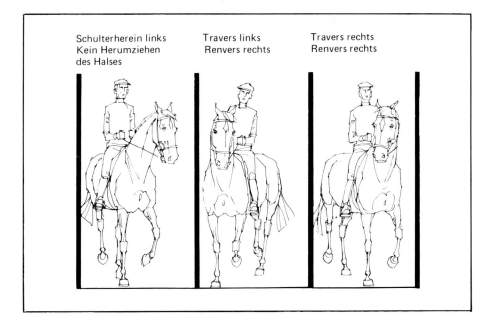

des Pferdes in gleicher Höhe bleiben und der Mähnenkamm nach innen kippt, sonst »verwirft« sich das Pferd und die Arbeit ist eher schädlich als von Nutzen.

Es gibt Pferde, die sehr starke Ganaschen haben. Aber es gibt nur wenige Pferde, die nicht trotzdem die von ihnen in der Bearbeitung geforderte seitliche Biegung hergeben können. Wenn sie die seitliche Biegung nicht hergeben, liegt es meist daran, daß zuviel an ihrem Hals und Maul herumgezogen wurde. Im Stall und beim Füttern kann man beobachten, daß diese Pferde in der Lage sind, ihren Kopf nach beiden Seiten bequem zu drehen.

Wirkungsvoller als Abbiegen und Abbrechen, besonders wenn es (wie leider sehr oft der Fall) falsch gemacht wird, ist daher immer die Arbeit des An-die-Hilfen-Stellens, insbesondere auch deshalb, weil sie sich an das ganze Pferd wendet.

Das Reiten auf zwei Hufschlägen

Bei den Lektionen auf einem Hufschlag folgen die Hinterfüße der Spur der Vorderfüße. Ist das Pferd schräg zur Bewegungsrichtung gestellt, so geht es auf zwei Hufschlägen. Diese Hufschläge dürfen nicht so weit auseinanderliegen, daß die gleichmäßige Fußfolge, das heißt der Takt sowie der Schwung gestört werden. Sonst Folge: Beinverletzungen und Sehnenzerrungen.

Alle Lektionen auf zwei Hufschlägen erfordern einen bereits sehr gefestigten Sitz und viel Gefühl und können dem Anfänger mehr schaden als nützen. Zum Reiten auf zwei Hufschlägen gehören *Schenkelweichen* und *Seitengänge*.

Schenkelweichen ist eine lösende Übung, die Beine treten über- und voreinander, deutlich auf zwei Hufschlägen, bei viel Abstellung geringe Biegung des Pferdes. Das Pferd bewegt sich hierbei in der der Kopfstellung entgegengesetzten Richtung. Schenkelweichen dient nicht dazu, die Tätigkeit der Hinterhand zu fördern und das Pferd zu versammeln. Es ist aber ein Mittel, den Gehorsam auf die inneren Hilfen zu erweitern und hervorragend geeignet, dem jungen Reiter das Gefühl für das Zusammenwirken von vor- und seitwärtstreibenden Einwirkungen mit den verwahrenden und parierenden zu lehren. Es wird nur im Schritt, ausnahmsweise auch im Trab geübt und sollte nur in kurzen Reprisen geritten werden. Ein Durchreiten der Ecken im Schenkelweichen ist unzweckmäßig.

Beim Schenkelweichen bewegt sich das Pferd mit ganz geringer Kopfstellung auf zwei Hufschlägen – voneinander entfernt bis zu einem Schritt; die inneren Füße treten gleichmäßig vor und über die äußeren (s. Abb. 116, 119).

Der Reiter sitzt vermehrt nach innen und drückt die Hinterhand mit dem dicht hinter dem Gurt liegenden inneren Schenkel seitwärts. Dieser Druck muß einsetzen, wenn sich der innere Hinterfuß vom Boden löst, und wird, wenn nötig, von Tritt zu Tritt wiederholt. Die Vorhand wird durch den äußeren Zügel auf ihrem Hufschlag weitergeführt. Jedem Fliehen des Pferdes vor dem Schenkel und jedem Ausfallen der äußeren Schulter durch Verwahren mit dem äußeren Schenkel und äußeren Zügel begegnen!

Bei den *Seitengängen* unterscheidet man Schulterherein, Travers und Renvers. Zweck: die gymnastische Ausbildung des Pferdes zu vervollständigen und die Längsbiegung (Rippenbiegung) zu vermehren. Nur Reiter mit ganz gefestigtem Sitz und jahrelanger Übung und Erfahrung sollten Seitengänge zu reiten versuchen. Seitengänge sind aber nicht Selbstzweck, sondern

Abb. 69. Die Entwicklung von Schenkelweichen und Schulterherein aus der Ecke

Das Reiten auf zwei Hufschlägen

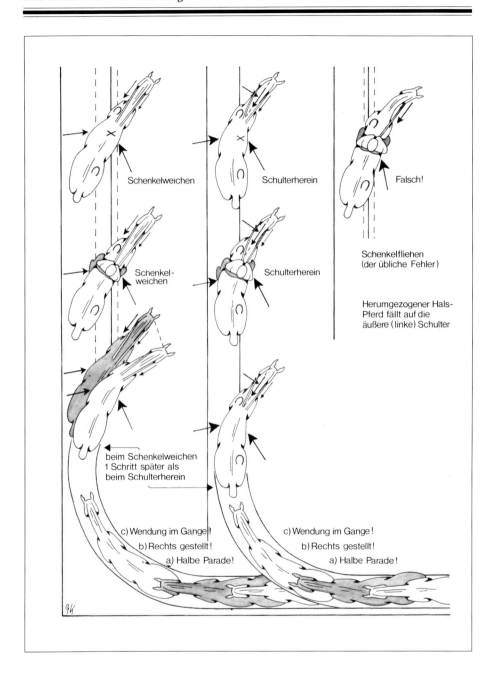

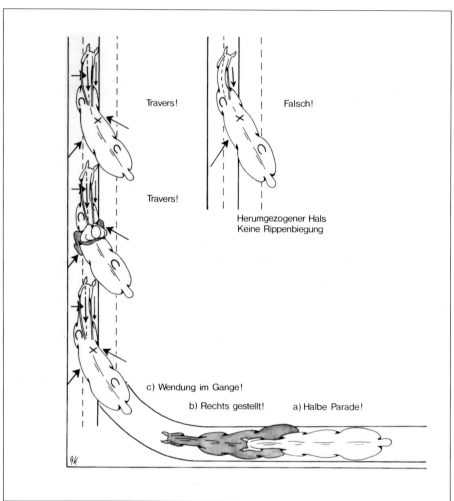

Abb. 70. Die Entwicklung von Travers aus der Ecke

immer nur Mittel der Dressur, um bei vermehrter Geschmeidigkeit eine erhöhte Versammlung zu erreichen.

Beim Schulterherein fußt der innere Hinterfuß auf der gleichen Linie wie der äußere Vorderfuß (s. Abb. 116, 117).

Beim Travers und bei seiner Konterlektion, dem Renvers, fußt der äußere Hinterfuß auf der gleichen Linie wie der innere Hinterfuß. Dieser Grundsatz wird oft zu wenig beachtet. Meist fällt das Pferd dann mit der Hinterhand oder mit der Schulter aus und entzieht sich damit geschickt den versammelnden Einwirkungen des Reiters. Folge: Seitengänge nutzlos, ja sogar schädlich.

Fortbildung von Reiter und Pferd

Das Reiten in der Bahn

Der Reitunterricht wird meist zunächst in Abteilungen gegeben. Demgegenüber wird oft geltend gemacht, daß man Reiten eigentlich nur im Einzelunterricht lernen kann. Dies ist insofern nicht ganz richtig, als der Unterricht in der Abteilung wesentliche Vorteile mit sich bringt. Abgesehen davon, daß er auch billiger sein kann, liegt wohl der größte Gewinn darin, daß die Reiter zu größerem Eifer angeregt werden. Für den Reitlehrer ergibt sich auch von selbst in jedem Stadium der Ausbildung durch den Vergleich ein Maßstab für die Leistungen seiner Schüler. Der für die Ausbildung des Gefühls so wichtige Pferdewechsel kann auch beim Abteilungsunterricht viel häufiger vorgenommen werden.

Einzelreiten wird bei jeder Art von Reitunterricht gepflegt. Es kann aber von großem Vorteil für den Reiter nur sein, wenn er weiß, was er üben will. Überlegt er sich dies erst im Augenblick der Gelegenheit zum Einzelreiten, kommen ihm die besten Gedanken sicher zu spät. Immer sollte der Reitlehrer die Richtlinien angeben, bei Wegfall muß der Reiter trotzdem wissen, was er üben will.

Der Reiter kann auch die Gelegenheit benutzen, sich besondere Dinge vom Reitlehrer erklären zu lassen, ihn auch bitten, sich auf ein anderes Pferd setzen zu dürfen, dessen Schwierigkeit man erkannt hat und ausfühlen möchte.

Alles, was mit Sitz, Gefühl und Einwirkung zusammenhängt, alle Lektionen und Hilfen können beim Einzelreiten überprüft werden. Am besten fängt man bei den einfachsten grundlegenden Dingen an: der Einwirkung des Kreuzes, dem Anreiten, Parieren und dem Eingehen in die Bewegung des Pferdes.

Das Gefühl für die einseitigen Hilfen und Einwirkungen muß durch Üben der Hinterhandwendung verbessert werden. Wesentlich ist beim Einzelreiten, die Hinterhandwendung auch mitten in der Bahn an jeder beliebigen Stelle auszuführen. Glaubt man, sie vollkommen zu beherrschen, so ist die Hinterhandwendung aus dem Schritt zu üben, und später ist zur Kurz-Kehrt-Wendung überzugehen (s. S. 107).

Zum Üben des Angaloppierens (s. S. 108) hat man beim Einzelreiten am besten Gelegenheit, weil man in der Abteilung nicht immer nach wenigen Sprüngen wieder durchparieren und wieder angaloppieren kann. Das Üben des Angaloppierens ist aber so wichtig, weil man nur dadurch sein Gefühl dafür ausbildet, auch im Galopp in die Bewegung des Pferdes einzugehen (am

Fortbildung von Reiter und Pferd

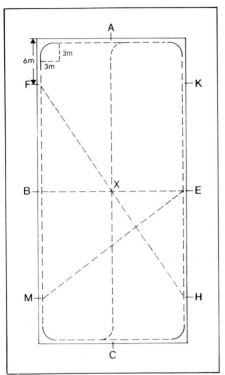
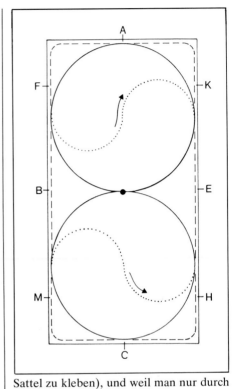

Abb. 71–74 (von links nach rechts):
Abb. 71. Dressurviereck 20 x 40 m
AECBA = ganze Bahn
AEBA = halbe Bahn
AXC = Wechsellinie durch die Länge der Bahn
FXH = Wechsellinie durch die ganze Bahn
ME = Wechsellinie durch die halbe Bahn
Abb. 72. Zirkel und Wechsellinien durch den Zirkel
Abb. 73. – – – = Schlangenlinien an der langen Seite
..... = Schlangenlinien durch die Bahn
Abb. 74. Kehrtwendung. Aus der Ecke kehrt, Volte und Acht

Sattel zu kleben), und weil man nur durch richtiges Angaloppieren Gefühl dafür bekommt, ob das Pferd richtig galoppiert. Hat man keine Schwierigkeiten mehr, mehrmals hintereinander richtig anzugaloppieren, dann ist es notwendig, die Anforderungen, die man an sich und sein Pferd stellt, allmählich zu erweitern. Man darf nicht immer wieder schon nach dem dritten oder vierten Galoppsprung durchparieren, weil sich das Pferd sonst daran gewöhnt und von allein pariert. Man läßt einmal drei, einmal acht, einmal fünf Galoppsprünge heraus; jedenfalls jedesmal eine andere Anzahl. Es ist sogar gut, wenn man dabei zählt, um mit Sicherheit nicht in den Schlendrian der Gleichmäßigkeit zu verfallen. Glaubt man, auf der einen Hand eine

Das Reiten in der Bahn

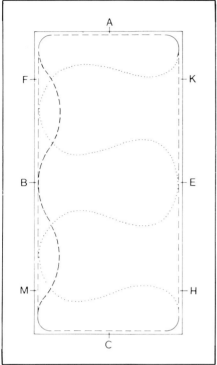 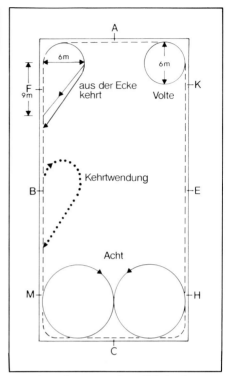

gewisse Sicherheit erreicht zu haben, so geht man auf die andere Hand, und hat man auch dort Sicherheit erreicht, so sollte man abwechselnd links und rechts angaloppieren.

Eine andere sehr lehrreiche Übung ist das Wechseln durch den Zirkel im Galopp. Kurz vor der Mitte des Zirkels erfolgt jedesmal das Durchparieren, dann das Umstellen und wieder Angaloppieren.

Man kann solche Übungen aber noch abwechselnder und komplizierter gestalten, um Gefühl und Einwirkung zu verfeinern, indem man abwechselnd einmal aus dem Schritt antrabt und dann wieder angaloppiert und so fort. Man kann dies alles derart ausbilden, daß man auf einer Zirkellinie viermal zum Angaloppieren und viermal zum Antraben aus dem Schritt kommt. Man kann es aber auch ebenso üben, wenn man geradeausreitet, indem man beim Angaloppieren abwechselnd zum Links- und zum Rechtsgalopp anspringen läßt.

Der wichtigste Grundsatz für all diese Übungen ist aber, daß es nie darauf ankommt, *ob* man dies oder jenes übt, sondern nur *wie* man es macht. Man muß an jede Übung überlegt herangehen, indem man sie sich und dem Pferde zunächst so leicht und einfach wie möglich macht.

Man sollte beim Einzelreiten nie länger als ein halbes Mal um die Bahn reiten, ohne durch eine halbe oder ganze Parade, Tempowechseln oder irgendeine Figur die Gleichmäßigkeit zu unterbrechen. Wenn man nicht mehr weiß, was man reiten will, soll man lieber zum Schritt am langen Zügel übergehen und sich ausruhen, aber nie schläfrig und absichtslos sich herumtragen lassen.

Die Hufschlagfiguren

Das Reiten von Hufschlagfiguren zwingt den Reiter, einwandfreie Hilfen zu geben, und zeigt dem Reitlehrer die Fortschritte seiner Schüler besonders gut (S. 122–123). Die Hufschlagfiguren haben keinen Selbstzweck, sondern sie sind das Mittel zum Zweck: dem Beherrschen des Pferdes. Der Anfänger übt sie in der Reitbahn, sollte aber bald Gelegenheit bekommen, sie im Freien zu festigen, da er dort mit äußeren Einflüssen rechnen muß, durch die sein Pferd abgelenkt und unaufmerksam wird (beispielsweise das Kleben am Stall oder an anderen Pferden). Der Reiter wird hier häufig vor Situationen gestellt, die sich ihm in der Reitbahn nicht bieten, mit denen er aber fertig werden muß, bevor er mit seinem Pferd selbständig ins Gelände geht.

Die normale Reitbahn ist 20 x 40 m groß, also die langen Seiten doppelt so lang wie die kurzen. Dadurch ergeben sich Verbindungslinien, die die Bahn quadratisch und symmetrisch unterteilen, sowie die Möglichkeit, jede Figur sowohl auf der rechten als auch auf der linken Hand zu reiten. Je fortgeschrittener der Reiter, um so mehr erkennt er den Wert der Hufschlagfiguren, durch welche er seine Hilfen immer wieder verfeinern und den Gehorsam seines Pferdes weiter verbessern kann.

Hufschlagfiguren erfüllen nur dann ihren Zweck, wenn der Reiter sich bemüht, sie korrekt zu reiten; in ihnen spiegelt sich das Können des Reiters.

Das Dressurviereck für Vielseitigkeitsprüfungen und für bestimmte Prüfungen der Kl. M und S hat eine Größe von 20 x 60 m.

Das Reiten im Gelände

Reiten ist Übungssache, und mit je größerer Lust der Reiter herangeht, je mehr Freude er am Reiten empfindet, desto intensiver wird er sich mit der Reiterei befassen. Deshalb fördert nichts die Reitausbildung mehr als Ritte in das Gelände.

Ein längerer Ritt, auch wenn der Reiter gar nicht korrigiert wird, bessert den Sitz, weil sich der Reiter von selbst losläßt. Welliges Gelände hilft dem Reiter, sein Gefühl für Balance zu festigen. Er sitzt dann meist besser, als wenn er versucht, sich in eine vorschriftsmäßige Form hineinzuzwängen. Ist er aber durch viele Ritte dazu gekommen, sich auf dem Pferd wohlzufühlen, wird er sich infolge der Übung, die er dadurch bekommen hat, bei jeder Korrektur nicht gleich steif machen.

Deshalb wird jede Reitausbildung durch frühzeitige Ritte ins Gelände wesentlich mehr gefördert, als man im allgemeinen annimmt. Es ist keineswegs Zeitvergeudung, wie häufig gesagt wird. Ein ruhiger langer Galopp, auch ein längerer ruhiger Trab wirken oft Wunder, und die Reiter, die im Gelände dann bei dieser oder jener Gelegenheit fühlen, was sie noch nicht können, da sie sich hier oder dort noch nicht zu helfen wissen, werden ihren Reitlehrer mit Fragen und Bitten bestürmen, er möchte ihnen dies oder jenes erklären, und werden mit einem ganz anderen Eifer an die Unterrichtsstunde in der Reitbahn herangehen.

Darüber hinaus ist das Geländereiten aber auch später immer als ein besonderer Ausbildungsweg zu üben. Wer sein Pferd in der Bahn zu beherrschen glaubt, kann im Gelände die Probe aufs Exempel machen, ob er sich in der Ruhe und Abgeschlossenheit der Bahn nicht vielleicht doch hat täuschen lassen. Im Gelände stellt es sich sehr schnell

Das Reiten im Gelände

heraus, ob der Reiter wirklich bequem sitzt und *reiten* gelernt hat, oder ob er nur in eine schöne Form für das Auge hineingezwängt worden ist. Ebenso zeigt es sich dort sehr bald, ob das Pferd wirklich an den Hilfen steht und aufmerksam auf den Reiter ist, oder ob über der schönen Form das Wesentliche übersehen worden ist. Reiten im Gelände ist demnach die beste Kontrolle für alle Dressur.

Die Erfahrungen, die dabei mit sogenannten *gut gerittenen* Pferden leider häufig zu machen sind, sollten den verständigen Reiter aber dann nicht dazu verführen, das System der Dressur als falsch zu verwerfen. Sicherlich gehen viele Pferde, die ständig im Gelände geritten wurden, zunächst dort anscheinend besser und erscheinen scheufreier als solche, die längere Zeit in der Bahn dressurmäßig gearbeitet wurden. Das ist aber nur ein schnell vorübergehender Trugschluß.

Wurde die Dressur richtig betrieben, dann muß das Pferd angenehmer, mit größerer Schonung und geringerem Kraftaufwand für den Reiter überallhin geritten werden können. Geländereiten ist aber nicht nur der Prüfstein, es ist ja vor allem das Ziel aller Dressur. Daher ist bei der Dressur ausschlaggebender Wert darauf zu legen, daß das Pferd nicht nur scheinbar, sondern wirklich richtig an die Hilfen gestellt wird, und daß das Gefühl des Reiters dafür ausgebildet wird und er das auch unterscheiden kann. Sonst erleichtert man sich und dem Pferde das Reiten im Gelände nicht, sondern erschwert es.

Abb. 75 und 76. Beim Einsprung ein Lächeln ... beim Aussprung ein Strahlen ... Lucinda Prior Palmer, britische Europameisterin mit Village Gossip, überwindet die schwierige Teichkombination in Luhmühlen 1977

Der leichte Sitz

Im Gelände wendet man oft den *leichten Sitz* an. Er ist nicht zu verwecheln mit dem Vorwärtssitz (Abb. 16 auf S. 33). Während hier der Reiter bei normaler Bügellänge lediglich seinen Oberkörper leicht vorneigt und vermehrt Schluß mit den Oberschenkeln nimmt, werden zum leichten Sitz die Bügel zwei bis vier Loch kürzer geschnallt. Wesentlich ist jetzt, daß der Reiter festen Knieschluß nehmen kann, da er das Gesäß vermehrt aus dem Sattel nimmt und er hier keine Stütze mehr findet.

Im leichten Sitz wird gecantert, über welliges Gelände galoppiert, geklettert und gesprungen. Der Oberkörper ist mehr oder weniger vornübergeneigt, das Gesäß entsprechend nach hinten verlagert (Gleichgewicht). Der Schwerpunkt des Reiters stimmt somit mit dem des Pferdes überein. Lediglich bei Beschleunigung, zum Beispiel auch beim Absprung über ein Hindernis, verlagert der Reiter seinen Schwerpunkt nach vorn, sowie er zur Landung ihn mehr nach hinten verlegt. Hüftgelenk und Kniegelenk sind die wichtigen Angelpunkte, die einen elastischen und wirkungsvollen leichten Sitz ausmachen.

Die treibenden Einwirkungen mit dem Kreuz werden über den Oberschenkel auf das Knie übertragen, wobei sich der Oberkörper leicht aufrichtet und das Gesäß leichte Fühlung mit dem Sattel nimmt. Ein schweres Einsitzen, zum Beispiel beim Treiben gegen ein Hindernis, ist nicht nur unschön, sondern zeigt, daß der Reiter nicht in der Lage ist, im leichten Sitz wir-

Abb. 77 (links oben). Horst Karsten mit Sioux auf der Querfeldeinstrecke. Leichter Sitz, alle Sinne nach vorn orientiert
Abb. 78 (links unten). Richard Meade auf Bleak Hills

kungsvoll zu treiben. Leider sieht man solche Entartungen häufig auch im »Großen Sport«, wenn guter Stil dem Zwang nach Erfolg untergeordnet wird. Hohe Hände, in den Leib gezogene Zügel, fliegende Unterschenkel und krumme Rücken sind keine Visitenkarte für den Reiter – oder doch? Die Kriterien des leichten Sitzes sind gut zu merken: Hände tief, Ellbogen tief, Schulter tief, Hüfte tief (Gesäß jedoch nicht im Sattel), Knie tief (trotz kurzer Bügel), Absatz tief.
Rücken gerade, Blick geradeaus.
Von den Schultern bis zum Absatz strebt der Reiter mit allen Gelenken nach unten, um dicht am Schwerpunkt des Pferdes zu sein, mit diesem in allen Bewegungen elastisch übereinzustimmen und jederzeit unverzüglich und unmitelbar zur aktiven Einwirkung zu gelangen.

Das Bergauf- und Bergabreiten

Auf unebenem Boden gehen Pferde infolge ihrer natürlichen Ängstlichkeit sehr vorsichtig, deshalb aber auch entsprechend sicher, wenn sie nicht gestört werden. Bergab gehen sie gewandter als bergauf. Man kann daher bergab steilere Hänge überwinden als bergauf.
Bergab gehen die Pferde bei steileren Hängen immer im Schritt. Wird der Böschungswinkel steiler als 50 Grad, setzen sich die Pferde dabei schließlich auf die Hinterbeine, die sie ganz anwinkeln, und rutschen.
Beim *Bergabreiten* ist es sehr wichtig, daß der Reiter den Weg übersehen kann, den er reiten will und nicht gewissermaßen mit verbundenen Augen ins Ungewisse tappt. Deshalb muß er sich hierbei vornüber setzen und die Hände dabei am Widerrist aufstützen, um das Vornüberrutschen zu verhindern. In diesem Sitz vermag der Reiter

Fortbildung von Reiter und Pferd

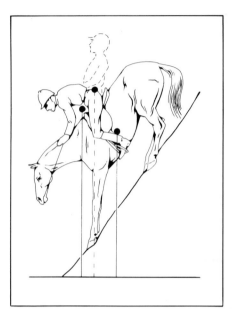

Abb. 79. Links = Bergabreiten. Rechts = Bergaufreiten

sein Pferd zu dirigieren, Steinen, Wurzeln und glatten Stellen auszuweichen und sich den besten Abstieg zu wählen. So kann er gut ganz außerordentlich steile Hänge überwinden. Es macht in diesem Sitz keine Schwierigkeit, mit den Unterschenkeln am Pferdeleib Fühlung zu behalten und so ein Ausweichen der Hinterhand zu verhindern. Darin liegt aber bei stärkerer Abschüssigkeit die größte Gefahr. Rutscht, vor allem auf glattem Boden, bei nassem Gras oder Fels, in weichem Sand, die Hinterhand seitwärts fort, dann kann sich das Pferd nicht mehr halten und muß stürzen.
Legt sich der Reiter aber hintenüber, kann er weder die Schenkel so gut am Pferdeleibe halten, noch kann er verhindern, daß er im Sattel nach vorn rutscht. Er kann zudem nicht so gut den vor ihm liegenden Weg übersehen. Diese Art zu sitzen ist falsch, weil sie Unsicherheit und Gefahr verursacht; das macht sich desto mehr bemerkbar, je steiler der Hang ist.
Es ist theoretisch viel über die Gewichtsverteilung gestritten und geschrieben worden, über eine stärkere Belastung der Vor- oder Hinterhand durch das Gewicht des Reiters. Alle diese Erörterungen sind müßig und gehen am Kern des Problems vorbei, wie aus der Skizze ersichtlich.
Beim *Bergaufreiten* liegt die größte Gefahr darin, daß man hinter der Bewegung bleibt,

Tafel 7. Vorwärts heißt die Parole in der Military:
Oben = Härte, Mut und Ausdauer zeichnen das erfolgreiche Militarypferd aus. Horst Karsten siegt in der Deutschen Meisterschaft in Luhmühlen 1978 mit Sioux.
Unten = D. Flament (Frankreich) auf Val d'Or in herrlichem Flug über eine »Erdspalte« während des CCI in Boekelo 1973

Das Springen

sich am Maul festhält und dem Pferde dadurch die Lust zum Vorwärtsgehen und zum Erklimmen des Hanges nimmt. Je steiler der Hang ist, desto mehr strebt das Pferd danach, ihn möglichst im Galopp oder in galoppähnlichen Sprüngen zu überwinden. Der Reiter, der besonderen Wert darauf legt, eine gefühlvolle Verbindung zwischen Faust und Pferdemaul aufrechtzuerhalten, wird bestrebt sein, ebenso wie beim Springen das Pferd nicht durch den Zügel zu behindern. Um nicht versehentlich doch im Maul hängen zu bleiben, ist es deshalb meist von größerem Vorteil, die Anlehnung ganz aufzugeben und bei steilem Hang um den Hals des Pferdes herumzufassen oder sich in der Mähne festzuklammern. Dadurch erreicht man, daß das Pferd völlig unbehindert in Maul und Hals sich die Gangart wählen kann, die es will, und daß man mit seinem Schwerpunkt so weit wie möglich nach vorn kommt und nicht hinter der Bewegung zurückbleibt. Das Pferd, dem der Hals freigegeben ist, sucht sich dann den besten Weg ganz allein; es ist auch nicht schwierig, dabei dirigierend nachzuhelfen. Das Aufgeben der Verbindung ist genau wie beim Springen gar nicht wesentlich, da diese Anlehnung vorher sich im allgemeinen in wenigen Gramm ausdrücken läßt. Eine bemerkbar starke Veränderung tritt daher für das Pferd gar nicht ein; es macht den Hals lang und bedient sich ungehindert seiner natürlichen Balancierstange, und das ist gut.

Das Springen

Wenn die Grundanschauungen über Dressurreiten sich seit Xenophons Zeiten verhältnismäßig wenig geändert haben, so ist alles, was mit dem Springen zusammenhängt, mehr oder weniger jüngeren Datums. Bis kurze Zeit vor dem 1. Weltkrieg, um die Jahrhundertwende herum, kannte man einen Springsport, wie er heute sehr verbreitet ist, nicht. Es wurden wohl überall schon seit Jahrhunderten Jagden geritten, vor allem in Frankreich und England, aber das Überwinden von Hindernissen war nicht Selbstzweck, wurde nicht erforscht, und die Anschauungen, die über das Springen uns aus früherer Zeit überkommen sind, halten einer genauen Prüfung nicht stand.

Die moderne Springreiterei nahm ihren Aufschwung in erster Linie von Italien aus. Dementsprechend bezeichnet man auch den heutigen Springstil als *italienisch*. Mehr als bei der Dressur ist der Reiter beim Springen von dem guten Willen und Können des Pferdes abhängig, und die wichtigste Voraussetzung, die jeder Reiter sich einprägen sollte, ist die, daß das Pferd das Hindernis nur gut überwindet, wenn es will. Der Hochsprungrekord

für Menschen liegt bei über	2,30 m
für Pferde unter dem Reiter bei	2,47 m
Der Durchschnittsturner springt	1,30 m
Die untrainierte Kuh springt	1,20 m

Und das Pferd sollte nicht leicht über 1,40 m springen? Tut es das aber nicht, kann der Mensch ganz gewiß den Schluß ziehen, daß er es nicht verstanden hat, seinem Pferde die Freude daran zu vermitteln. Springen und Dressur sind aber nicht, wie oft fälschlich angenommen wird, Gegensätze, die einander ausschließen. Je besser ein Pferd an den Hilfen steht, desto williger geht es auch beim Springen.

Die Ausbildung des Pferdes zum Springen

Die Ausbildung umfaßt:
1. Die Beeinflussung des Pferdes zum Springenwollen,
2. das Training, das heißt die Muskelbildung, und

3. die Routine im Taxieren.
Diese Elemente richtig einzuschätzen, verlangt eine ebenso liebevolle und mühsame Vertiefung vor allem in die Verhaltensweisen des Pferdes wie bei der Dressur. Für den Zuschauer mag es oft erscheinen, als ob ein guter Springreiter seine Pferde alle nach der Schablone arbeitet. Aber auch bei Springpferden gibt es fleißige und faule, hitzige und stumpfsinnige, ängstliche und couragierte Gemüter; das eine Pferd reagiert stärker auf Liebkosungen, das andere stärker auf Strafen; das eine springt von Haus aus geschickter und lieber als das andere; das eine ist mehr, das andere schon weniger verdorben worden. Das Gedächtnis des Pferdes spielt hier eine entscheidende Rolle. Es vergißt Unfälle oder Hindernisse, an denen es sich wehgetan hat, nie ganz; je nach seinem Temperament wird es sich auf Grund seines Unfalles bei dem nächsten Sprung mehr vorsehen, die Beine mehr anziehen, oder die Lust verloren haben.

Die kleinsten Unterschiede müssen beim Einspringen berücksichtigt werden. Die Ausbildung ist das wichtigste beim Springen, und auf sie kann ein Springreiter gar nicht genug Wert legen.

Das Pferd soll ruhig und überlegt, nicht hastig und übereilt springen lernen. Die Anforderungen darf man nur allmählich steigern, und man sollte stets darauf bedacht sein, das Pferd niemals zu überanstrengen, sondern es häufig zu loben und zu belohnen. Nach einem gut gelungenen Sprunge soll man aufhören.

Beim Einspringen verwendet man allgemein nur feste Sprünge, vor allem Koppelricks, verstellbare Mauern usw., nicht Hürden, damit das Pferd das Abstreifen und Durchwischen nicht lernt. Die einfache Stange ohne Absprungstange ist immer das am schwersten zu taxierende Hindernis.

Man kann Pferde auf sehr verschiedene Art einspringen; die Höhe der Hindernisse macht dabei aber naturgemäß keinen Unterschied. Ob man ein Pferd dazu ausbilden will, daß es 2 m hoch springt oder in gutem Stil 60 cm, ist an sich dasselbe, nur mit dem Unterschiede, daß Fehler in der Behandlung des Pferdes sich bei größeren Höhen mehr bemerkbar machen. Deshalb sind sie beim Einspringen über 60 cm genau so vorhanden und können ebenso bedauerliche Folgen nach sich ziehen.

Es gibt unendlich viele Fehler, mit denen man dem Pferd die Lust zum Springen nehmen kann, und viel weniger Mittel, dem Pferde wieder Lust zum Springen beizubringen.

Hat man dem Pferd die Lust genommen, muß man mit niedrigen Hindernissen gewissermaßen wieder von vorn anfangen. Durch Zwang und rohe Gewalt kann man dem Pferd nie Freude am Springen beibringen. Man sollte junge Reiter auch immer nach dem Ausgang der Bahn zu, in Richtung auf den Stall oder in Richtung auf andere Pferde zu springen lassen, nie vom Stall oder von anderen Pferden weg.

Training und Routine ergeben sich nur aus der Übung. Man kann täglich 10 und auch 20 Sprünge fordern, wenn sie nicht zu hoch sind. Man muß aber dabei die Arbeit berücksichtigen, die man außerdem von seinem Pferd am gleichen Tage noch verlangt, weil man es nicht überanstrengen darf. Die Höhe der Sprünge sollte man dauernd wechseln, um das Pferd im Taxieren zu üben.

Man kann Pferde an der Hand einspringen und unter dem Reiter. Meist werden beide Verfahren miteinander verbunden. *An der Hand* nennt man es, wenn das Pferd ohne Reiter springen soll; dabei unterscheidet man aber auch noch, ob das Pferd ganz frei springt, ob es angeführt wird (mehr oder weniger dicht an das Hindernis heran) oder an der Longe springen soll.

Beim *Einspringen an der Hand* muß man darauf achten, daß die Zügel gut verknotet sind, sie nicht aufgehen und das Pferd nicht hineintreten kann. Das Einfangen geschieht mit einer Futterschwinge. Beim Anführen geht man stets außen an der Bande, auf der rechten Hand links vom Pferd, auf der linken Hand rechts vom Pferd, weil man sonst leicht geschlagen wird.

Beim Springen über ein einzelnes Hindernis darf man erst dann zulassen, daß das Pferd das Hindernis anzieht, wenn es sich geradeaus auf das Hindernis zu bewegt. Läßt man sein Pferd schon vor einer Ecke gegen das Hindernis lostoben, kann es leicht ausrutschen und schweren Schaden nehmen, ein Fehler, den man häufig genug beobachten kann.

Beim *Einspringen an der Longe* muß man gut mitgehen, damit das Pferd als Belohnung für seinen Sprung nicht einen Ruck ins Maul bekommt.

Man läßt das Pferd oft nur ein Hindernis springen und oft mehrere hintereinander. Man kann das in der gedeckten Bahn tun, aber auch im Freien. Im Freien bedient man sich dabei eines besonders dazu angelegten Springplatzes. Man baut solche Anlagen viereckig (Springplatz), langgestreckt (Sprunggarten) und rund (Couloir). Man kann dabei viel und wenig Sprünge vom Pferd verlangen mit zeitlich größeren und kürzeren Zwischenräumen, und man kann Springen über dicht aufeinanderfolgende und weiter auseinanderliegende Sprünge fordern.

Temperamentvolle Pferde überhasten sich öfter als phlegmatische. Man kann ein Pferd beruhigen, indem man die Anforderungen herabsetzt oder auch das Springen über mehrere dicht hintereinanderfolgende Hindernisse verlangt. Das letztere Mittel kann aber die gegenteilige Wirkung, noch größere Heftigkeit, zur Folge haben.

Ein allgemeingültiges Rezept gibt es nicht. Je nach Ausbildungsstand und Temperament wird man wechseln müssen, um die Lust des Pferdes immer mehr zu steigern, es dabei aber zu besonnenem Taxieren anzuhalten. Schematisches Vorgehen kann nur schaden.

Unter dem Reiter muß man genau so unterschiedlich verfahren.

Man kann dadurch, daß man beide Verfahren, Springen unter dem Reiter und ohne Reiter, kombiniert, das Einspringen außerordentlich abwechslungsreich gestalten. Man kann auch tage- und wochenlang nur ohne Reiter springen und umgekehrt.

Bei all diesen Fragen ist der Reiter aber an die gegebenen Möglichkeiten gebunden und wird sich in einer städtischen Reitschule öfter an die Bahn, in einer ländlichen mehr an das Gelände halten. Mit je größerem Verständnis für die Eigenart des Pferdes das Einspringen erfolgt ist, desto sicherer wird es später alle Hindernisse springen. Gibt man sich beim Einspringen aber keine Mühe, glaubt man, alle Pferde gleich behandeln zu können, sollte man gute Resultate auch nicht erwarten.

Das Anreiten gegen das Hindernis

Der häufigste Fehler beim Springen ist der, daß dem Anreiten gegen das Hindernis nicht genügend Bedeutung beigemessen wird. Befindet sich das Pferd im Abspringen, dann ist der Sprung schon fast in seiner ganzen Durchführung bestimmt.

Es gibt einen alten Satz: *Wirf Dein Herz über das Hindernis und springe ihm nach!* Die Empfindungen des Reiters teilen sich dem Pferd durch seine Einwirkungen, durch ihren Nachdruck, ihre Sicherheit

132 Fortbildung von Reiter und Pferd

83   82

87   86

Abb. 80–88 (von rechts nach links). Ein Beispiel souveräner Reitweise. Der Ire Eddy Macken meistert mit Boy die berüchtigte Wall-Planken-Kombination auf dem Derbyplatz in Hamburg-Klein Flottbeck

oder Unsicherheit mit. Das Pferd fühlt daher mit großer Genauigkeit, ob sein Reiter zum Sprung entschlossen ist oder unentschlossen und ängstlich gegenreitet. Nur bei energischem Vorwärts, senkrecht gegen die Mitte des Hindernisses, wird das Pferd gern und sicher springen, sonst muß es stutzig werden und wird, wenn es unwillkürlich zurückgehalten wird, schließlich stehenbleiben oder seitlich ausbrechen.

Zur Vorbereitung des Sprungs gehört im allgemeinen, daß man die Bügel zwei bis drei Loch kürzer schnallt.

Das Tempo des Gegenreitens ist am besten Galopp, weil das für das Pferd das bequemste ist. Man kann auch im Schritt oder Trab springen, das Natürlichere ist aber aus dem Galopp, weil der Sprung der Fußfolge des Galopps entspricht. Beim Abspringen aus Trab oder Schritt muß das Pferd im letzten Augenblick seine Fußfolge ändern. Auf der

Das Springen

rechten Hand springt man aus dem Rechtsgalopp, auf der linken Hand aus dem Linksgalopp. Es gibt aber auch Pferde, die gern abchangieren, weil sie lieber immer nur aus dem Rechtsgalopp oder nur aus dem Linksgalopp springen. Bei niedrigen Hindernissen macht das den meisten Pferden aber nichts aus.

Die Geschwindigkeit innerhalb der letzten Galoppsprünge vor dem Absprung regelt das Pferd. Auch der Leichtathlet, der einen Weit- oder Hochsprung ausführen will, läßt sich von keinem Menschen seinen Anlauf vorschreiben oder gar das Tempo oder die

Schritteinteilung. Tut man das doch, wird er verwirrt und nicht mehr in der Lage sein, so gut zu springen, so hoch und so weit, so sicher, als wenn man ihm seinen Anlauf überläßt.

Dies sollte sich jeder Reiter, der sein Pferd vor dem Absprung beim Gegenreiten zurückhalten will oder sein Pferd durch Spornieren und starkes Treiben schneller an den Sprung herantreiben will, ins Gedächtnis rufen. Das eine Pferd springt gern in langsamerem Tempo, streckt den Hals weit vor und möchte das Hindernis kurz vor dem Absprung beinahe noch beschnuppern; ein anderes Pferd macht sich durch einen schnelleren Anlauf, der desto schneller wird, je mehr sich das Pferd dem Hindernisse nähert, selbst Mut. Die unterschiedliche Manier des Anlaufs bei beiden Pferden ist eine Angewohnheit, die abhängig ist von der Art des Einspringens. Es ist sehr gut denkbar, daß vielleicht beide Pferde besser springen könnten, wenn sie es beide umgekehrt machen würden. Aber auch das läßt sich nicht so schnell beurteilen und auch nicht so schnell korrigieren, sicher aber nicht von einem Reiter, der keine große Übung hat. Solche Korrekturen im Anlauf nimmt das Pferd mit zunehmender Routine und Übung auch ganz von allein vor. Routinierte Pferde springen bei Hochhindernissen meist mehr aus versammeltem Galopp, bei flachen Hindernissen, breiten Gräben mit schnellerem Anlauf. Weniger routinierte Pferde machen solche Unterschiede nicht.

Es ist auch grundfalsch, dem Pferd den Absprung angeben zu wollen, etwa durch ein Ziehen oder Heben der Zügel oder einen Schlag mit der Gerte, einen Ruf mit der Stimme. Wohl können routinierte Springreiter aus irgendwelchen besonderen Gründen mit einem Pferd einmal ein solches Abkommen treffen. Das sind aber Ausnahmefälle. Ungeübte Reiter wollen durch einen Zuruf meist nur sich selbst Mut machen.

Zur Anwendung der Gerte gehört große Übung. Ein Stören des Pferdes ist durch Veränderungen im Sitz beim Gertengebrauch fast unvermeidlich. Das Mitgehen im Sprung stellt sehr hohe Anforderungen an den Reiter. Die meisten Menschen sind dabei sicher nicht noch außerdem in der Lage, die linke Hand, in der sie den Zügel haben, ganz ruhig zu halten, wenn sie gleichzeitig mit der rechten Hand einen Schlag ausführen.

Bricht das Pferd vor dem Hindernis weg oder bleibt es stehen, so kann dies sehr viele ganz verschiedene Gründe haben.

Oft tritt das Verweigern eines Sprunges nur deshalb ein, weil das Pferd ungenügend vorbereitet vor eine neue Aufgabe gestellt wurde, nicht genügend eingesprungen ist, zum Beispiel Gräben noch nicht kennt oder gerade nur dieses Hindernis nicht springen will, weil es sich an ihm früher einmal weh getan hat oder dergleichen.

Das Pferd kann auch durch unentschlossenes Gegenreiten oder durch ungeschickte Bewegungen des Reiters mit Zügeln, Schenkeln, Gewicht oder Gerte gehemmt sein. Es kann aber auch in der Beschaffenheit oder dem Aussehen des Hindernisses liegen. Das Pferd kann ferner durch Bewegungen oder Geräusche gestört oder durch andere Pferde in der Nähe irritiert worden sein.

Nach der Ursache, die für die Verweigerung des Sprunges maßgebend ist, muß sich die Art der Korrektur richten. Man kann unmöglich all diese sehr verschiedenen Gründe über einen Kamm scheren. Deshalb läßt sich auch in dem Rahmen dieses Buches kein allgemeingültiges Rezept geben. Oft sollte man aber den Boden im Anlauf, das Hindernis oder das Sattelzeug in

Das Springen

Ordnung bringen, lieber die Gerte fortlassen und dafür entschlossener gegenreiten; in vielen Fällen wird schon Wenden und nochmaliges Gegenreiten zum Erfolg führen. Manchmal wird es gut sein, einige Schritte rückwärtszurichten. Ist jedoch ein größerer Anlauf notwendig (die Notwendigkeit eines langen Anlaufs wird meist überschätzt), müßte man zunächst einige Tritte rückwärtsrichten und dann doch wenden. Meist, wenn man den Grund des Verweigerns nicht zu erklären vermag, liegt es allein daran, daß es dem Reiter an Schneid fehlt. Soviel Selbsterkenntnis sollte der Reiter wenigstens haben, sich das selbst einzugestehen. Nimmt das Pferd den gleichen Sprung unter einem anderen Reiter, ohne zu stutzen, dann hat man den untrüglichen Beweis dafür.

Vor allem sollte man sich aber nach dem Verweigern auf seinem Pferde ruhig verhalten und nicht in blinder Wut seinen Zorn an dem Pferde auslassen, das unter Umständen gar nicht an der Verweigerung des Sprunges die Schuld trägt.

Das Verhalten im Sprung selbst

Wenn vom Springen die Rede ist, denkt man meist an den Sitz des Reiters im Sprung. Es kann aber gar nicht oft genug betont werden, daß das Verhalten des Reiters im Sprunge selbst wesentlich, aber doch keineswegs so ausschlaggebend ist, wie meist angenommen wird. Das Einspringen und das Gegenreiten (die beiden vorbesprochenen Abschnitte) sind mindestens ebenso wichtig. Auf einem gut eingesprungenen Pferde macht auch der krasse Anfänger eine ganz gute Figur, wenn es ans Springen geht. Reitet man aber auf gut springendem Pferd energielos an die Hindernisse heran, verliert jedes Pferd sehr bald die Lust zum Springen. Die Fotografie liefert außerdem genügend Beispiele, daß mancher außerordentlich erfolgreiche Springreiter im Sprung selbst nicht immer theoretisch einwandfrei sitzt, aber seine Pferde springen doch gern und sicher. Umgekehrt nützt der schöne Stil im Sprung nichts, wenn der Reiter kein Herz hat und nicht gegenzureiten weiß.

Der Reiter sitzt auch im Sprung im Gleichgewicht, in Harmonie zu seinem Pferde, wenn eine Übereinstimmung zwischen seinem Schwerpunkt und dem des Pferdes vorhanden ist.

Bei der *ersten Phase des Sprunges,* kurz nach dem Absprung, kommen die für das Mitgehen entscheidenden Faktoren am meisten zur Geltung:

a) die plötzliche Geschwindigkeitszunahme durch das Abschnellen,

b) die Richtungsveränderung schrägaufwärts.

Die Richtung schrägaufwärts macht um so mehr aus, je steiler der Sprung ist. Das hängt bei Hochsprüngen aber nicht von der Höhe des Sprunges ab, sondern ob das Pferd frühzeitig oder später abspringt.

Will der Reiter in Harmonie mit dem Pferde bleiben und daher seinen Schwerpunkt vor den des Pferdes bringen, muß er sich aus seinem Sitz senkrecht zum Pferderücken so weit vorbeugen, daß er bei einem Hochsprunge das Gesäß aus dem Sattel nehmen muß (Abb. 94, S. 142). Je ruhiger die Gangart ist, in der er gegenreitet, desto weniger.

In der *zweiten Phase* fliegt das Pferd nicht mehr schrägaufwärts, sondern nur noch vorwärts, waagerecht über das Hindernis. Selbst wenn der Schwerpunkt des Reiters jetzt noch weiter vor dem des Pferdes liegen müßte, liegt er dabei der Senkrechten zum Pferderücken doch viel näher. Der Reiter könnte in dieser Phase demnach das Gesäß schon wieder in den Sattel bringen.

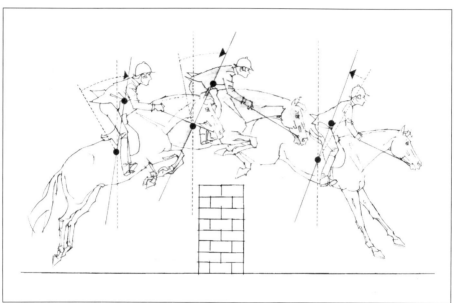

Abb. 89. Der Sitz des Reiters im Sprung. Richtig. Die durchgezogenen Linien verbinden den Schwerpunkt des Reiters mit dem des Pferdes und geben damit den Grad des Mitgehens an bzw. das Hineingehen des Reiters in die Bewegung. Das ist aus dem Vorneigen des Oberkörpers allein nicht erkennbar

Er tut es aber nicht, weil er den Rücken des Pferdes so lange entlasten muß, bis das Pferd mit den Hinterfüßen über das Hindernis gelangt ist.

In der *dritten Phase,* vor dem Landen, liegt der Schwerpunkt des Reiters aber auch dann noch vor dem des Pferdes, wenn der Reiter senkrecht zum Pferderücken säße; hier könnte er demnach das Gesäß immer im Sattel haben.

Vor dem Sprung wird der Reiter wohl nie sagen können, wie sein Pferd springen wird. Er muß deshalb immer darauf gefaßt sein, sein Gesäß zu lüften und durch Übung sein Gefühl dafür ausbilden, in welcher Weise man seinen Schwerpunkt vorverlegt und wie weit man es in jedem Falle tun muß. Das Studium von Fotografien kann dabei von großem Nutzen sein. Man sollte dabei aber nie die Kernfrage aus dem Auge lassen, die Beziehung zwischen den beiden Schwerpunkten.

Man darf sich dabei nicht täuschen lassen und ein Vornüberneigen des Oberkörpers auch schon als Vorverlegen des Schwerpunktes ansehen. Wenn man gleichzeitig dabei das Gesäß nämlich nach hinten über den Sattelkranz zurückschiebt, kann man in solcher Haltung (wie auf einem Motorrad sitzend) den Schwerpunkt auch nach hinten verlegen; dieser Fehler kommt häufig genug vor.

Hat der Reiter das Wesentliche des Sprungsitzes erst einmal erfaßt, spielt für ihn die Frage, ob das Gesäß in den Sattel hineingehört oder nicht, gar keine Rolle mehr, weil sie von dem Kernpunkt des Problems ablenkt. Ist die Schwerpunktverlegung nach vorn möglich, so lange das Gesäß im Sattel ist, so bleibt das Gesäß im Sattel. Ist eine weitere Vorverlegung des Schwerpunktes notwendig und ist diese mit dem Gesäß im Sattel nicht mehr vereinbar, muß das Gesäß aus dem Sattel gehoben werden. Der Reiter bedarf demnach für den Sitz im Sprung einer anderen festen Grundlage als sonst. Dieser Unterschied ist so entscheidend, daß er gar nicht eindringlich und klar genug ausgesprochen werden kann. Die neue Grundlage beruht in erster Linie auf dem *Knieschluß*. Die Knie müssen so fest an den Pferdeleib herangedrückt werden, als wären sie dort verschraubt. Selbst wenn ein Bügelriemen einmal reißen sollte, darf dadurch der Reiter nicht gleich allen Halt verlieren.

Man schnallt zum Springen die Bügel deshalb auch kürzer, weil dadurch das Knie gehoben und somit eine festere Anlehnung erleichtert wird; die Fußspitzen werden bis an den Spann durch die Bügel gesteckt, die Absätze dürfen deshalb aber nicht hochgezogen werden. Die Unterschenkel behalten ihre Lage dicht hinter dem Gurt. Es ist falsch, sie weiter nach hinten zu placieren oder wegzustrecken. Das müßte das Pferd naturgemäß irritieren.

Die Zügel sind etwas kürzer gefaßt, die Hände an beiden Seiten des Halses aufgesetzt.

Die Arme bleiben gekrümmt, damit der Reiter jederzeit in der Lage ist, noch aus dem ganzen Arm heraus nachzugeben, wenn das notwendig wird.

Das Pferd hebt sich zum Sprung aus der Phase des Galoppsprunges (s. die Abb. auf S. 111), in der es sich mit den Vorderbeinen schon vom Boden abstößt, um dann mit beiden Hinterbeinen noch einmal weit untergeschoben aufzusetzen und sich mit ihnen über das Hindernis zu schnellen. Dieser Moment ist demnach schon der Anfang des Hebens, der letzte Augenblick, in dem der Reiter spätestens den Schwerpunkt entschlossen vorverlegen muß. Je früher sich der Reiter darauf eingestellt hat, desto leichter hat er es im Moment des Hebens.

Ist man genötigt, sein Pferd zu treiben, wird man erst kurz vor dem Absprung den Sitz auf dem Gesäß aufgeben können; die treibende Einwirkung mit dem Kreuz hört auf, sobald das Gesäß des Reiters den Sattel verläßt. Selbst vorzügliche Reiter kommen dabei leicht einmal in Gefahr (wenn sie bis dicht an das Hindernis heran ihr Pferd treiben mußten), den Augenblick zum Vorverlegen des Schwerpunktes zu verpassen und bleiben hinter der Bewegung zurück. Ist der Augenblick aber erst einmal verpaßt, dann hilft kein Ausstrecken der Arme und auch kein Vorbeugen im Sattel mehr. Solche Bewegungen wirken, so unvermeidlich sie sein mögen, auf das Auge des Zuschauers immer als Übertreibungen, die sie in Wirklichkeit nicht sind. Sie wirken aber nicht nur unharmonisch, sie verraten deutlich, daß die Harmonie gestört ist und der Reiter nicht mehr im Gleichgewicht sitzt. Klemmt sich der Reiter dann nicht genügend fest mit den Knien und Unterschenkeln, springt ihm das Pferd womöglich zwischen den Beinen fort. Der Reiter sollte dann aber wenigstens versuchen, dabei nicht durch Ziehen am Zügel das Pferd noch mehr zu behindern (Abb. S. 141) und es beim Landen dann für treu geleistete Dienste noch durch einen kräftigen Puff in den Rücken zu belohnen.

Gut eingesprungene Pferde ziehen das Hindernis an. Auf diesen Pferden kann der Reiter schon viel früher zum Springsitz übergehen. Hat das Pferd überhaupt genügend Gehlust und will man mehrere Hindernisse hintereinander springen, wird man besser diesen Sitz während des ganzen Par-

cours beibehalten. Man treibt dabei ausschließlich mit den Schenkeln.
Dadurch, daß der Reiter seine Hände tief an den Pferdehals stellt, hat er sowohl Fühlung mit dem Halse als auch durch den kürzeren Zügel eine sichere Verbindung zum Pferdemaul. Auf diese Weise kann er besser fühlen und schneller reagieren. Da jedoch die Verbindung nur ganz leicht sein soll und sich gewichtsmäßig nur in wenigen Gramm ausdrücken läßt, würde es nicht viel oder gar nichts ausmachen, wenn sie im Augenblick des Absprunges verlorenginge, das heißt wenn die Zügel herabhängen.
Grundfalsch ist es aber, eine unbedingt sichere Verbindung zwischen Faust und Pferdemaul zu fordern, wenn damit die Gefahr in Kauf genommen wird, das Pferd durch einen Ruck ins Maul zu behindern. Der Reiter soll an das Wesentliche denken und seinem Pferd den Hals lang machen oder gar freigeben. Das Pferd springt nicht nur viel lieber, sondern auch viel sicherer mit langem Hals. Sobald der Reiter im Sprung eine stärkere Anlehnung verspürt, als er vorher gehabt hatte, hat er schon einen Fehler gemacht. Sobald das Pferd nicht mit langem Halse springt, hat der Reiter denselben Fehler gemacht.
Der junge Reiter lernt den Sitz im Sprung am besten auf einem gut eingesprungenen Pferd ohne Zügel, indem er sich an der Mähne festhält oder an einem Riemen, den man dem Pferd um den Hals geschlungen hat. Falsch ist es, vorn in den Sattel zu greifen, denn dadurch vermeidet man nicht das Zurückbleiben hinter der Bewegung, sondern macht das Mitgehen zur Unmöglichkeit.
Hat der Reiter so erst einmal das Gefühl für das Mitgehen verspürt, kommt er sehr bald dazu, sich von allein in die Vorwärtsbewegung so weit hineinzulegen, daß das Aufstützen der Hände genügt und er nicht mehr durch Festhalten an Mähne oder Riemen das Zurückbleiben hinter der Bewegung verhindern muß. Damit kommt auch die Zeit, in der der junge Reiter lernen muß, ohne Bügel seine feste Grundlage im Knieschluß beim Sprung zu überprüfen. Springen mit *Hüften fest*, mit *verschränkten Armen* oder dergleichen ist zwecklos, der Reiter lernt dabei leicht, nur wieder hinter der Bewegung zurückbleiben.

Fehler des Pferdes beim Sprung

Auch bei ganz sicher springenden Pferden kann es jederzeit vorkommen, daß sie sich einmal im Sprung versehen und:
1. zu nahe an das Hindernis herangehen und daher sehr steil springen müssen,
2. zu früh abgesprungen sind und sich über dem Hindernis sehr strecken müssen,
3. das Hindernis zu niedrig taxiert haben und die Hinterhand seitwärts werfen, um nicht anzustoßen.

In solchen Augenblicken muß der Reiter in der Lage sein, dem Pferd dadurch zu helfen, daß er ihm genügend Luft mit den Zügeln gibt. Deshalb wurde als Normalhaltung der gekrümmte Arm verlangt, der dann das Ausstrecken noch ermöglicht. Mit dem Hals balanciert das Pferd all solche Bewegungen aus. Kann das Pferd in solchen Augenblicken (es handelt sich dabei um winzige Bruchteile von Sekunden) sich aber nicht nach Bedarf strecken, macht es sicherlich noch einen größeren Fehler, der unter Umständen verhängnisvoll werden kann.

Das Bedürfnis nach einer Verbindung zwischen Hand und Pferdemaul liegt während des Sprunges selbst auch gar nicht vor und ergibt sich erst wieder nach dem Sprung.

Das Springen

Der Rumpler

Aber selbst im Augenblicke des Landens ist diese Verbindung noch nicht erforderlich, auch dann nicht, wenn das Pferd einen Rumpler machen sollte. Hier könnte die Verbindung sogar, wenn sie auch nur um wenige Gramm zu stark ist, böse Folgen haben. Viele Stürze ergeben sich aus Rumplern oft nur deshalb, weil die Reiter meinen, durch Halten ihrem Pferd helfen zu müssen.

Glaubt der Anfänger, sein Pferd vorn durch Zügeleinwirkung zu heben, drückt er es gleichzeitig entsprechend hinten nieder.

Abb. 90. Das Mitgehen der Hand ermöglicht maximale Dehnung von Hals und Rücken (Bascule), ohne die weiche Verbindung zum Pferdemaul aufzugeben. Major Kurd Albrecht von Ziegner auf Alpenmärchen

Durch einen Ruck ins Maul oder zu starke Anlehnung hat mancher schon seinem Pferd die letzte Möglichkeit genommen, sich auszubalancieren. Auch der strauchelnde Seiltänzer muß stürzen, wenn seine Balancierstange im entscheidenden Augenblick sich irgendwo verfängt. Nur mit Hilfe von Hals und Kopf wird es dem Pferd gelingen, einen Rumpler eventuell auszubalancieren.

Der Reiter kann nichts Besseres tun, als unverrückbar stillzusitzen, so fest, wie irgend möglich, so ruhig, daß jede Schwerpunktverschiebung möglichst ausgeschlossen ist, die das Pferd umwerfen müßte. Der Reiter ist ein Schwerkörper (kein Luftballon mit eigener Hebekraft), der mit dem Pferd gerade dann fest verbunden sein muß. Der Reiter, der am festesten sitzt, *sitzt den Rumpler am besten aus.*

Aus einer stärkeren Zügelanlehnung, die der Reiter bei einem Rumpler gefühlt hat,

kann er auch nicht den Schluß ziehen, daß das Pferd solche Anlehnung etwa gesucht hat und ihm die Anlehnung geholfen hätte. Auch der fallende Mensch würde an Stricken zerren, wenn man ihm die Hände festgebunden hätte.

Das Landen

Die Knie des Reiters wirken beim Landen gewissermaßen als Stoßfänger, elastisch und infolgedessen für das Pferd angenehm, da sie ja nicht mit dem Pferdeleib starr verbunden, sondern nur durch die Muskelkraft seitlich herangedrückt sind. Auch die Arme, die mit den Händen aufgestützt sind, wirken im Ellenbogen- und Schultergelenk unwillkürlich federnd. Das Gesäß, das beim Absprung und in der Flugphase den Pferderücken weitgehend entlastet hatte, nähert sich bei der Landung wieder dem Sattel, ohne diesen jedoch zu belasten, be-

Abb. 91 (oben). Mit großem Schwung über eine Triplebarre. Vorbildliche Übereinstimmung zwischen Reiterin und Pferd. Mary Chapot (USA) auf Vestryman
Abb. 92 (rechts oben). Reiter stark hinter der Bewegung, kein Schenkelschluß, hängt im Zügel und behindert das Pferd erheblich
Abb. 93 (rechts unten). Reiter auch hinter der Bewegung, ermöglicht jedoch durch völlige Freigabe des Pferdehalses sichere Landung. Sepp von Radowitz auf Monte Rosa

vor das Pferd auch mit den Hinterbeinen Fuß gefaßt hat. Der Oberkörper bleibt leicht nach vorn geneigt.
Nach dem Sprung muß der Reiter so schnell wie möglich wieder die volle Gewalt über sein Pferd bekommen hinsichtlich aller Einwirkungsmöglichkeiten, da mit der

Das Springen

Abb. 94 (oben). Hochsprung ohne Übertreibung. Vorbildlich. Hätte der Reiter das Gesäß im Sattel, würde er weit hinter der Bewegung zurückbleiben. E.V. Campion auf Garrai Eoin

Abb. 95 (unten). Tiefsprung. Beim Sprung bergab ist richtiges Mitgehen leichter als beim Hochsprung und verrät deutlich, ob der Reiter Schneid hat. Man beachte hier auch die gerade Linie Ellenbogen – Pferdemaul und den lang verschnallten Martingal. Hans Günter Winkler auf Halla

Vollendung des Sprunges der Reiterwille unbeschränkt wieder wirken muß, sei es, daß er entschlossen geradeaus weiterreiten, wenden will oder auf ein neues Hindernis zureiten will. Verlorengegangener Sitz und Bügelhaltung sind wieder in Ordnung zu bringen, etwa durchgerutschte Zügel wieder nachzufassen.

Eine Besonderheit beim Landen ist bei Tiefsprüngen zu beachten. Je steiler die Landung – und insbesondere dann, wenn es sich um Einsprünge ins Wasser handelt, das je nach seiner Tiefe die Vorwärtsbewegung des Pferdes mehr oder weniger stark hemmt –, desto mehr wird es notwendig sein, daß der Reiter seinen Oberkörper nach rückwärts verlagert, um die Vorhand zu entlasten. Hierdurch kann nicht nur das Pferd sich nach der Landung besser ausbalancieren, sondern auch der Reiter wird einen unvermuteten Rumpler besser aussitzen können.

Das Turnierreiten

Man hört oft, daß Turnierreiten den Charakter verderbe, weil die Ausübung des Reitens nicht mehr Selbstzweck sei, sondern Ehrgeiz und Wetteifer in den Vordergrund träten.

Die Vorbereitungen zu einem Turnier sind

Das Turnierreiten

aber deshalb besonders lehrreich, weil die mächtige Triebfeder des Ehrgeizes den Menschen zu ungeahnten Leistungen, zu Fleiß und Ausdauer, Gründlichkeit und Gewissenhaftigkeit anspornt.

Springprüfungen und Geländeritte verlangen darüber hinaus vom Reiter einen entschlossenen Mut und einen starken Willen, der auf das Pferd übertragen dieses zu den größten Leistungen führt. Wie das Reiten überhaupt von großem erzieherischem Wert für die Jugend ist, so werden hier Können und Charakter vor das Forum der Öffentlichkeit gestellt. Schön ist es, eine Siegerschleife zu bekommen, wichtig aber, daß man auch mit Anstand verlieren kann.

Turniere (Pferdeleistungsschauen) werden in der Bundesrepublik Deutschland nach den Bestimmungen der LPO (Leistungsprüfungsordnung) der Deutschen Reiterlichen Vereinigung (FN) durchgeführt. Danach gibt es Leistungswettbewerbe und Leistungsprüfungen.

Zu den Leistungswettbewerben zählen alle Arten von Schau-, Reiter- und Voltigierwettbewerben sowie Reiterspiele, Ponywettbewerbe und -prüfungen.

Zu den Leistungsprüfungen gehören: Dressur-, Spring- und Geländeprüfungen, Vielseitigkeitsprüfungen, Material- und Reitpferdeprüfungen, Springpferde- und Jagdpferdeprüfungen.

Leistungsprüfungen und -wettbewerbe: Schwierigkeitsgrad eingeteilt in Klassen E (Einführung), A (Anfänger), L (Leicht), M (Mittelschwer) und S (Schwer), zusammengefaßt in Kategorie A, B und C.

Kategorie A: Prüfungen von überregionaler Bedeutung.
Championate für Reitpferde,
Dressur-, Spring- und Vielseitigkeitsprüfungen der Klassen M und S.
Kategorie B: Prüfungen von regionaler Bedeutung.

Materialprüfungen mit Mindestleistung,
Reit-, Spring- und Jagdpferdeprüfungen der Klassen A und L,
Dressur-, Spring- und Vielseitigkeitsprüfungen der Klassen A, L und M.
Kategorie C: Wettbewerbe und Prüfungen von lokaler Bedeutung.
Materialprüfungen ohne Mindestleistung,
Reit-, Spring- und Jagdpferdeprüfungen der Klasse A,
Dressur-, Spring- und Vielseitigkeitsprüfungen der Klasse A,
Schau-, Reiter- und Voltigierwettbewerbe, Reiterspiele, Ponyprüfungen.

An *Materialprüfungen* nehmen nur junge Pferde teil. Beurteilt werden hierbei das Gebäude, das Gangwerk sowie das Temperament der Pferde ohne Rücksicht auf den Ausbildungsstand.

Bei *Reitpferdeprüfungen* ist für die Beurteilung maßgebend die Eignung der Pferde zum sofortigen Gebrauch. Es werden bewertet: Gebäude, Gangwerk, Rittigkeit, Erziehung sowie Temperament und Charakter.

Bei *Springpferdeprüfungen* wird die *Rittigkeit* während des Überwindens des Parcours bewertet.

Bei *Jagdpferdeprüfungen* liegt der Schwerpunkt auf Galoppier- und Springvermögen und Verhalten des Pferdes im Jagdfeld.

Dressurprüfungen sollen den Ausbildungsgrad des Pferdes ermitteln sowie die Reitkunst des Reiters. Sie werden auf abgestecktem Viereck oder in der Reitbahn nach Kommando geritten. Eine solche Prüfung verlangt ein sehr gehorsames und durchlässiges (rittiges) Pferd, das trotz der verlangten Figuren und Tempowechsel weder Schwung noch Takt verliert.

Springprüfungen verlangen vom Pferd Springvermögen, Wendigkeit, Gehorsam und Schnelligkeit, vom Reiter gute Nerven, Mut und Geschicklichkeit.

Geländeritte stellen Anforderungen an die Ausdauer, Schnelligkeit, Geschicklichkeit sowie an den Gehorsam und das Springvermögen des Pferdes. Der Reiter muß in der Lage sein, die Kräfte seines Pferdes richtig einzuteilen, um bis zuletzt noch Reserven zu haben.

Vielseitigkeitsprüfungen setzen sich meist zusammen aus Dressurprüfungen, Springprüfungen und Geländeritten. Die schwerste Vielseitigkeitsprüfung ist die sogenannte *Military,* die auch bei den Olympischen Spielen ausgetragen wird.

Reiterwettbewerbe dienen zur Feststellung von Sitz und Hilfen des Reiters unter gewöhnlichen und erschwerten Verhältnissen, unabhängig von der Beschaffenheit und Leistung des von ihm gerittenen Pferdes.

Für die Teilnahme an Leistungsprüfungen gilt für Reiter und Pferd das gleiche: Erfahrungen sammeln in einer niedrigen Klasse und nicht eher in einer höheren Klasse starten, als diese von beiden voll beherrscht wird. Der Reiter mag einmal ein schlechtes Bild machen (was nicht gerade zu seinem und seines Lehrers Ruhm beiträgt), das Pferd jedoch kann hierbei einen Schaden nehmen, den wiedergutzumachen unendlich viel Mühe und Geduld erfordert.

Eine sauber und schwungvoll gerittene Dressur der Klasse A anzusehen ist ein Genuß, während eine gequält vorgeführte S-Dressur abscheulich wirkt. Sie ist meist ein Hinweis darauf, daß der Reiter seine Fähigkeit überschätzt. Hier sollte der Richterspruch eindeutig sein und sich jeder Beschönigung enthalten. Das gleiche gilt für die Springprüfungen und Geländeritte. Reiter und Pferd müssen in die höheren Klassen oft in jahrelanger Arbeit erst nach und nach hineinwachsen; nur so wird die Harmonie vervollkommnet. Jedes Forcieren jedoch zerstört die Harmonie und muß auf die Dauer zum Mißerfolg führen.

Um diesen Erfordernissen Rechnung zu tragen, hat die LPO für Reiter wie Pferde, die an Leistungsprüfungen teilnehmen, gewisse Handicaps vorgesehen. So ist zum Beispiel jeder Reiter einer *Leistungsklasse* (V bis I) zugeordnet, die in seinem *Reitausweis* vermerkt ist. Hiernach darf er nur an solchen Prüfungen teilnehmen, die für ihn »offen« sind. Andererseits werden Pferde, die bereits Erfolge in höheren Klassen zu verzeichnen haben, von der Teilnahme an Prüfungen der niederen Klassen ausgeschlossen. So wird sichergestellt, daß erfahrene Pferde ihren jüngeren Artgenossen nicht die Chancen stehlen.

Reiter, die an Turnieren teilnehmen, sind gut beraten, wenn sie sich eingehend mit den Bestimmungen der LPO befassen.

Das Jagdreiten

Durch keinen Zweig des Reitens wird die Begeisterung für die Schönheit des Reitsports mehr geweckt und gehoben als durch das Jagdreiten. Wer einmal auf geeignetem Pferde eine Jagd hinter einer flinken Meute mitgemacht hat, der wird diesen Genuß sein ganzes Leben nicht vergessen. Auf der Parforcejagd ist der Reiter am Ziel. Beim flotten Galopp über Wiesen und Felder, durch Schluchten und Wald, über Hänge und Gräben, über Mauer und Rick, wenn im Vorwärtsgedränge die Pulse höher schlagen, kommt dem Reiter so recht zum Bewußtsein, weshalb er sich manchmal jahrelang mühsam in der Bahn abgequält hat. Der Sport in Rot galt von jeher als der Aristokrat unter den Sportarten und hat Jahrhunderte hindurch seinen exklusiven Cha-

Tafel 8. Lucinda Prior-Palmer (Großbritannien) auf Be Fair während der Weltmeisterschaft 1974 in Burghley